book2

Deutsch – Schwedisch
für Anfänger

Ein Buch in 2 Sprachen

www.book2.de

GOETHE
VERLAG

IMPRESSUM

Johannes Schumann:
book2 Deutsch - Schwedisch
EAN-13 (ISBN-13): 978-3-938141-37-3

Goethe-Verlag GmbH
Postfach 152008
80051 München
Germany

Fax +49-89-74790012
www.book2.de
www.goethe-verlag.com

Inhaltsverzeichnis

1 [eins]	1 [ett]
Personen	Personer

ich	jag
ich und du	jag och du
wir beide	vi två
er	han
er und sie	han och hon
sie beide	de båda
der Mann	mannen
die Frau	kvinnan
das Kind	barnet
eine Familie	en familj
meine Familie	min familj
Meine Familie ist hier.	Min familj är här.
Ich bin hier.	Jag är här.
Du bist hier.	Du är här.
Er ist hier und sie ist hier.	Han är här och hon är här.
Wir sind hier.	Vi är här.
Ihr seid hier.	Ni är här.
Sie sind alle hier.	De är alla här.

2 [zwei] | 2 [två]

Familie | Familj

der Großvater	morfadern, farfadern
die Großmutter	mormodern, farmodern
er und sie	han och hon
der Vater	fadern
die Mutter	modern
er und sie	han och hon
der Sohn	sonen
die Tochter	dottern
er und sie	han och hon
der Bruder	brodern
die Schwester	systern
er und sie	han och hon
der Onkel	farbrodern, morbrodern
die Tante	fastern, mostern
er und sie	han och hon
Wir sind eine Familie.	Vi är en familj.
Die Familie ist nicht klein.	Familjen är inte liten.
Die Familie ist groß.	Familjen är stor.

3 [drei]

Kennen lernen

3 [tre]

Lära känna

Hallo!
Guten Tag!
Wie geht's?

Kommen Sie aus Europa?
Kommen Sie aus Amerika?
Kommen Sie aus Asien?

In welchem Hotel wohnen Sie?
Wie lange sind Sie schon hier?
Wie lange bleiben Sie?

Gefällt es Ihnen hier?
Machen Sie hier Urlaub?
Besuchen Sie mich mal!

Hier ist meine Adresse.
Sehen wir uns morgen?
Tut mir Leid, ich habe schon etwas vor.

Tschüs!
Auf Wiedersehen!
Bis bald!

Hej!
God dag!
Hur står det till?

Kommer ni från Europa?
Kommer ni från Amerika?
Kommer ni från Asien?

På vilket hotell bor ni?
Hur länge har ni varit här?
Hur länge stannar ni?

Trivs ni här?
Är ni på semester här?
Kom och hälsa på mig någon gång!

Här är min adress.
Ses vi i morgon?
Tyvärr, jag har annat för mig.

Hej då!
Adjö!
Vi ses snart!

4 [vier]

In der Schule

4 [fyra]

I skolan

Wo sind wir?
Wir sind in der Schule.
Wir haben Unterricht.

Das sind die Schüler.
Das ist die Lehrerin.
Das ist die Klasse.

Was machen wir?
Wir lernen.
Wir lernen eine Sprache.

Ich lerne Englisch.
Du lernst Spanisch.
Er lernt Deutsch.

Wir lernen Französisch.
Ihr lernt Italienisch.
Sie lernen Russisch.

Sprachen lernen ist interessant.
Wir wollen Menschen verstehen.
Wir wollen mit Menschen sprechen.

Var är vi?
Vi är i skolan.
Vi har lektion.

Det där är eleverna.
Det där är lärarinnan.
Det där är klassen.

Vad gör vi?
Vi lär oss.
Vi lär oss ett språk.

Jag lär mig engelska.
Du lär dig spanska.
Han lär sig tyska.

Vi lär oss franska.
Ni lär er italienska.
De lär sig ryska.

Att lära sig språk är intressant.
Vi vill förstå människor.
Vi vill tala med människor.

5 [fünf]

Länder und Sprachen

5 [fem]

Länder och språk

John ist aus London.
London liegt in Großbritannien.
Er spricht Englisch.

John är från London.
London ligger i Storbrittanien.
Han talar engelska.

Maria ist aus Madrid.
Madrid liegt in Spanien.
Sie spricht Spanisch.

Maria är från Madrid.
Madrid ligger i Spanien.
Hon talar spanska.

Peter und Martha sind aus Berlin.
Berlin liegt in Deutschland.
Sprecht ihr beide Deutsch?

Peter och Martha är från Berlin.
Berlin ligger i Tyskland.
Talar ni tyska båda två?

London ist eine Hauptstadt.
Madrid und Berlin sind auch Hauptstädte.
Die Hauptstädte sind groß und laut.

London är en huvudstad.
Madrid och Berlin är också huvudstäder.
Huvudstäderna är stora och bullriga.

Frankreich liegt in Europa.
Ägypten liegt in Afrika.
Japan liegt in Asien.

Frankrike ligger i Europa.
Egypten ligger i Afrika.
Japan ligger i Asien.

Kanada liegt in Nordamerika.
Panama liegt in Mittelamerika.
Brasilien liegt in Südamerika.

Kanada ligger i Nordamerika.
Panama ligger i Mellanamerika.
Brasilien ligger i Sydamerika.

6 [sechs]

Lesen und schreiben

6 [sex]

Läsa och skriva

Ich lese.	Jag läser.
Ich lese einen Buchstaben.	Jag läser en bokstav.
Ich lese ein Wort.	Jag läser ett ord.
Ich lese einen Satz.	Jag läser en mening.
Ich lese einen Brief.	Jag läser ett brev.
Ich lese ein Buch.	Jag läser en bok.
Ich lese.	Jag läser.
Du liest.	Du läser.
Er liest.	Han läser.
Ich schreibe.	Jag skriver.
Ich schreibe einen Buchstaben.	Jag skriver en bokstav.
Ich schreibe ein Wort.	Jag skriver ett ord.
Ich schreibe einen Satz.	Jag skriver en mening.
Ich schreibe einen Brief.	Jag skriver ett brev.
Ich schreibe ein Buch.	Jag skriver en bok.
Ich schreibe.	Jag skriver.
Du schreibst.	Du skriver.
Er schreibt.	Han skriver.

7 [sieben]

Zahlen

7 [sju]

Tal

Ich zähle: eins, zwei, drei Ich zähle bis drei.	Jag räknar: ett, två, tre Jag räknar till tre.
Ich zähle weiter: vier, fünf, sechs, sieben, acht, neun	Jag räknar vidare: fyra, fem, sex, sju, åtta, nio
Ich zähle. Du zählst. Er zählt.	Jag räknar. Du räknar. Han räknar.
Eins. Der Erste. Zwei. Der Zweite. Drei. Der Dritte.	Ett. Den första. Två. Den andra. Tre. Den tredje.
Vier. Der Vierte. Fünf. Der Fünfte. Sechs. Der Sechste.	Fyra. Den fjärde. Fem. Den femte. Sex. Den sjätte.
Sieben. Der Siebte. Acht. Der Achte. Neun. Der Neunte.	Sju. Den sjunde. Åtta. Den åttonde. Nio. Den nionde.

8 [acht]

Uhrzeiten

8 [åtta]

Tider

Entschuldigen Sie!	Ursäkta!
Wie viel Uhr ist es, bitte?	Hur mycket är klockan?
Danke vielmals.	Tack så mycket.
Es ist ein Uhr.	Klockan är ett.
Es ist zwei Uhr.	Klockan är två.
Es ist drei Uhr.	Klockan är tre.
Es ist vier Uhr.	Klockan är fyra.
Es ist fünf Uhr.	Klockan är fem.
Es ist sechs Uhr.	Klocka är sex.
Es ist sieben Uhr.	Klockan är sju.
Es ist acht Uhr.	Klockan är åtta.
Es ist neun Uhr.	Klockan är nio.
Es ist zehn Uhr.	Klockan är tio.
Es ist elf Uhr.	Klockan är elva.
Es ist zwölf Uhr.	Klockan är tolv.
Eine Minute hat sechzig Sekunden.	En minut har sextio sekunder.
Eine Stunde hat sechzig Minuten.	En timme har sextio minuter.
Ein Tag hat vierundzwanzig Stunden.	En dag har tjugofyra timmar.

9 [neun] | 9 [nio]

Wochentage | Veckans dagar

der Montag	måndagen
der Dienstag	tisdagen
der Mittwoch	onsdagen
der Donnerstag	torsdagen
der Freitag	fredagen
der Samstag	lördagen
der Sonntag	söndagen
die Woche	veckan
von Montag bis Sonntag	från måndag till söndag
Der erste Tag ist Montag.	Den första dagen är måndag.
Der zweite Tag ist Dienstag.	Den andra dagen är tisdag.
Der dritte Tag ist Mittwoch.	Den tredje dagen är onsdag.
Der vierte Tag ist Donnerstag.	Den fjärde dagen är torsdag.
Der fünfte Tag ist Freitag.	Den femte dagen är fredag.
Der sechste Tag ist Samstag.	Den sjätte dagen är lördag.
Der siebte Tag ist Sonntag.	Den sjunde dagen är söndag.
Die Woche hat sieben Tage.	Veckan har sju dagar.
Wir arbeiten nur fünf Tage.	Vi arbetar bara fem dagar.

10 [zehn]

Gestern - heute - morgen

10 [tio]

I går - i dag - i morgon

Gestern war Samstag.
Gestern war ich im Kino.
Der Film war interessant.

I går var det lördag.
I går var jag på bio.
Filmen var intressant.

Heute ist Sonntag.
Heute arbeite ich nicht.
Ich bleibe zu Hause.

Idag är det söndag.
Idag arbetar jag inte.
Jag stannar hemma.

Morgen ist Montag.
Morgen arbeite ich wieder.
Ich arbeite im Büro.

I morgon är det måndag.
I morgon fortsätter jag att arbeta.
Jag arbetar på kontor.

Wer ist das?
Das ist Peter.
Peter ist Student.

Vem är det?
Det är Peter.
Peter är student.

Wer ist das?
Das ist Martha.
Martha ist Sekretärin.

Vem är det?
Det är Martha.
Martha är sekreterare.

Peter und Martha sind Freunde.
Peter ist der Freund von Martha.
Martha ist die Freundin von Peter.

Peter och Martha är vänner.
Peter är Marthas vän.
Martha är Peters väninna.

11 [elf]

Monate

11 [elva]

Månader

der Januar
der Februar
der März

der April
der Mai
der Juni

Das sind sechs Monate.
Januar, Februar, März,
April, Mai und Juni.

der Juli
der August
der September

der Oktober
der November
der Dezember

Das sind auch sechs Monate.
Juli, August, September,
Oktober, November und Dezember.

januari
februari
mars

april
maj
juni

Det är sex månader.
Januari, februari, mars,
april, maj, och juni.

juli
augusti
september

oktober
november
december

Det är också sex månader.
Juli, augusti, september,
oktober, november och december.

12 [zwölf]

Getränke

12 [tolv]

Drycker

Ich trinke Tee.
Ich trinke Kaffee.
Ich trinke Mineralwasser.

Trinkst du Tee mit Zitrone?
Trinkst du Kaffee mit Zucker?
Trinkst du Wasser mit Eis?

Hier ist eine Party.
Die Leute trinken Sekt.
Die Leute trinken Wein und Bier.

Trinkst du Alkohol?
Trinkst du Whisky?
Trinkst du Cola mit Rum?

Ich mag keinen Sekt.
Ich mag keinen Wein.
Ich mag kein Bier.

Das Baby mag Milch.
Das Kind mag Kakao und Apfelsaft.
Die Frau mag Orangensaft und Grapefruitsaft.

Jag dricker te.
Jag dricker kaffe.
Jag dricker mineralvatten.

Dricker du te med citron?
Dricker du kaffe med socker?
Dricker du vatten med is?

Här är en fest.
Folk dricker mousserande vin.
Folk dricker vin och öl.

Dricker du alkohol?
Dricker du whisky?
Dricker du coca cola med rom?

Jag tycker inte om mousserande vin.
Jag tycker inte om vin.
Jag tycker inte om öl.

Babyn tycker om mjölk.
Barnet tycker om kakao och äppelsaft.
Kvinnan tycker om apelsinsaft och grapefruktjuice.

13 [dreizehn]

Tätigkeiten

13 [tretton]

Sysselsättningar

Was macht Martha?	Vad gör Martha?
Sie arbeitet im Büro.	Hon arbetar på kontor.
Sie arbeitet am Computer.	Hon arbetar vid datorn.
Wo ist Martha?	Var är Martha?
Im Kino.	På bio.
Sie schaut sich einen Film an.	Hon tittar på en film.
Was macht Peter?	Vad gör Peter?
Er studiert an der Universität.	Han studerar på universitet.
Er studiert Sprachen.	Han studerar språk.
Wo ist Peter?	Var är Peter?
Im Café.	På kaféet.
Er trinkt Kaffee.	Han dricker kaffe.
Wohin gehen sie gern?	Vart tycker de om att gå?
Ins Konzert.	På konsert.
Sie hören gern Musik.	De tycker om att lyssna på musik.
Wohin gehen sie nicht gern?	Vart tycker de inte om att gå?
In die Disco.	På diskotek.
Sie tanzen nicht gern.	De tycker inte om att dansa.

14 [vierzehn]

14 [fjorton]

Farben

Färger

Der Schnee ist weiß.
Die Sonne ist gelb.
Die Orange ist orange.

Snön är vit.
Solen är gul.
Apelsinen är orange.

Die Kirsche ist rot.
Der Himmel ist blau.
Das Gras ist grün.

Körsbäret är rött.
Himlen är blå.
Gräset är grönt.

Die Erde ist braun.
Die Wolke ist grau.
Die Reifen sind schwarz.

Jorden är brun.
Molnet är grått.
Däcken är svarta.

Welche Farbe hat der Schnee? Weiß.
Welche Farbe hat die Sonne? Gelb.
Welche Farbe hat die Orange? Orange.

Vilken färg har snön? Vit.
Vilken färg har solen? Gul.
Vilken färg har apelsinen? Orange.

Welche Farbe hat die Kirsche? Rot.
Welche Farbe hat der Himmel? Blau.
Welche Farbe hat das Gras? Grün.

Vilken färg har körsbäret? Rött.
Vilken färg har himlen? Blå.
Vilken färg har gräset? Grönt.

Welche Farbe hat die Erde? Braun.
Welche Farbe hat die Wolke? Grau.
Welche Farbe haben die Reifen? Schwarz.

Vilken färg har jorden? Brun.
Vilken färg har molnet? Grå.
Vilken färg har däcken? Svarta.

15 [fünfzehn]	15 [femton]
Früchte und Lebensmittel	Frukter och livsmedel

Ich habe eine Erdbeere.	Jag har en jordgubbe.
Ich habe eine Kiwi und eine Melone.	Jag har en kiwi och en melon.
Ich habe eine Orange und eine Grapefruit.	Jag har en apelsin och en grapefrukt.
Ich habe einen Apfel und eine Mango.	Jag har ett äpple och en mango.
Ich habe eine Banane und eine Ananas.	Jag har en banan och en ananas.
Ich mache einen Obstsalat.	Jag gör en fruktsallad.
Ich esse einen Toast.	Jag äter ett rostat bröd.
Ich esse einen Toast mit Butter.	Jag äter ett rostat bröd med smör.
Ich esse einen Toast mit Butter und Marmelade.	Jag äter ett rostat bröd med smör och marmelad.
Ich esse ein Sandwich.	Jag äter en smörgås.
Ich esse ein Sandwich mit Margarine.	Jag äter en smörgås med margarin.
Ich esse ein Sandwich mit Margarine und Tomate.	Jag äter en smörgås med margarin och tomat.
Wir brauchen Brot und Reis.	Vi behöver bröd och ris.
Wir brauchen Fisch und Steaks.	Vi behöver fisk och biffar.
Wir brauchen Pizza und Spagetti.	Vi behöver pizza och spaghetti.
Was brauchen wir noch?	Vad behöver vi mer?
Wir brauchen Karotten und Tomaten für die Suppe.	Vi behöver morötter och tomater för soppan.
Wo ist ein Supermarkt?	Var finns en stormarknad?

16 [sechzehn]

Jahreszeiten und Wetter

16 [sexton]

Årstider och väder

Das sind die Jahreszeiten:
Der Frühling, der Sommer,
der Herbst und der Winter.

Der Sommer ist heiß.
Im Sommer scheint die Sonne.
Im Sommer gehen wir gern spazieren.

Der Winter ist kalt.
Im Winter schneit oder regnet es.
Im Winter bleiben wir gern zu Hause.

Es ist kalt.
Es regnet.
Es ist windig.

Es ist warm.
Es ist sonnig.
Es ist heiter.

Wie ist das Wetter heute?
Es ist kalt heute.
Es ist warm heute.

Det här är årstiderna:
Våren, sommaren,
hösten och vintern.

Sommaren är varm.
På sommaren skiner solen.
På sommaren går vi gärna ut och promenerar.

Vintern är kall.
På vintern snöar eller regnar det.
På vintern stannar vi gärna hemma.

Det är kallt.
Det regnar.
Det är blåsigt.

Det är varmt.
Det är soligt.
Det är klart väder.

Vad är det för väder i dag?
Det är kallt i dag.
Det är varmt i dag.

17 [siebzehn]

Im Haus

17 [sjutton]

I huset

Hier ist unser Haus.	Här är vårt hus.
Oben ist das Dach.	Ovanpå är taket.
Unten ist der Keller.	Under finns källaren.
Hinter dem Haus ist ein Garten.	Bakom huset är en trädgård.
Vor dem Haus ist keine Straße.	Framför huset finns ingen gata.
Neben dem Haus sind Bäume.	Bredvid huset finns det träd.
Hier ist meine Wohnung.	Här är min lägenhet.
Hier ist die Küche und das Bad.	Här är köket och badrummet.
Dort sind das Wohnzimmer und das Schlafzimmer.	Där är vardagsrummet och sovrummet.
Die Haustür ist geschlossen.	Ytterdörren är stängd.
Aber die Fenster sind offen.	Men fönstren är öppna.
Es ist heiß heute.	Det är hett idag.
Wir gehen in das Wohnzimmer.	Vi går in i vardagsrummet.
Dort sind ein Sofa und ein Sessel.	Där är en soffa och en fåtölj.
Setzen Sie sich!	Varsågod och sitt! / Var så god och sitt!
Dort steht mein Computer.	Där står min dator.
Dort steht meine Stereoanlage.	Där står min stereoanläggning.
Der Fernseher ist ganz neu.	TV - apparaten är helt ny.

18 [achtzehn]

Hausputz

18 [arton]

Städning

Heute ist Samstag.	I dag är det lördag.
Heute haben wir Zeit.	I dag har vi tid.
Heute putzen wir die Wohnung.	I dag städar vi lägenheten.
Ich putze das Bad.	Jag städar badrummet.
Mein Mann wäscht das Auto.	Min man tvättar bilen.
Die Kinder putzen die Fahrräder.	Barnen tvättar cyklarna.
Oma gießt die Blumen.	Farmor/mormor vattnar blommorna.
Die Kinder räumen das Kinderzimmer auf.	Barnen städar barnkammaren.
Mein Mann räumt seinen Schreibtisch auf.	Min man städar sitt skrivbord.
Ich stecke die Wäsche in die Waschmaschine.	Jag lägger tvätten i tvättmaskinen.
Ich hänge die Wäsche auf.	Jag hänger upp tvätten.
Ich bügele die Wäsche.	Jag stryker tvätten.
Die Fenster sind schmutzig.	Fönstren är smutsiga.
Der Fußboden ist schmutzig.	Golvet är smutsigt.
Das Geschirr ist schmutzig.	Porslinet är smutsigt.
Wer putzt die Fenster?	Vem putsar fönstren?
Wer saugt Staub?	Vem dammsuger?
Wer spült das Geschirr?	Vem diskar?

19 [neunzehn]

In der Küche

19 [nitton]

I köket

Hast du eine neue Küche?	Har du ett nytt kök?
Was willst du heute kochen?	Vad vill du laga för mat idag?
Kochst du elektrisch oder mit Gas?	Lagar du mat på elektrisk spis eller på gasspis?
Soll ich die Zwiebeln schneiden?	Ska jag skära löken?
Soll ich die Kartoffeln schälen?	Ska jag skala potatisen?
Soll ich den Salat waschen?	Ska jag skölja salladen?
Wo sind die Gläser?	Var är glasen?
Wo ist das Geschirr?	Var är porslinet?
Wo ist das Besteck?	Var är besticken?
Hast du einen Dosenöffner?	Har du en konservöppnare?
Hast du einen Flaschenöffner?	Har du en flasköppnare?
Hast du einen Korkenzieher?	Har du en korkskruv?
Kochst du die Suppe in diesem Topf?	Kokar du soppan i den här kastrullen?
Brätst du den Fisch in dieser Pfanne?	Steker du fisken i den här stekpannan?
Grillst du das Gemüse auf diesem Grill?	Grillar du grönsakerna på den här grillen?
Ich decke den Tisch.	Jag dukar bordet.
Hier sind die Messer, Gabeln und Löffel.	Här är knivarna, gafflarna och skedarna.
Hier sind die Gläser, die Teller und die Servietten.	Här är glasen, tallrikarna och servetterna.

20 [zwanzig]

Small Talk 1

20 [tjugo]

Småprat 1

Machen Sie es sich bequem!	Slå er ner!
Fühlen Sie sich wie zu Hause!	Känn er som hemma!
Was möchten Sie trinken?	Vad vill ni ha att dricka?
Lieben Sie Musik?	Tycker ni om musik?
Ich mag klassische Musik.	Jag tycker om klassisk musik.
Hier sind meine CDs.	Här är mina cd-skivor.
Spielen Sie ein Instrument?	Spelar ni något instrument?
Hier ist meine Gitarre.	Här är min gitarr.
Singen Sie gern?	Tycker ni om att sjunga?
Haben Sie Kinder?	Har ni barn?
Haben Sie einen Hund?	Har ni en hund?
Haben Sie eine Katze?	Har ni en katt?
Hier sind meine Bücher.	Här är mina böcker.
Ich lese gerade dieses Buch.	Just nu läser jag den här boken.
Was lesen Sie gern?	Vad tycker ni om att läsa?
Gehen Sie gern ins Konzert?	Tycker ni om att gå på konsert?
Gehen Sie gern ins Theater?	Tycker ni om att gå på teater?
Gehen Sie gern in die Oper?	Tycker ni om att gå på operan?

21 [einundzwanzig]

Small Talk 2

21 [tjugoett]

Småprat 2

Woher kommen Sie?
Aus Basel.
Basel liegt in der Schweiz.

Var kommer ni ifrån?
Från Basel.
Basel ligger i Schweiz.

Darf ich Ihnen Herrn Müller vorstellen?
Er ist Ausländer.
Er spricht mehrere Sprachen.

Får jag lov att presentera herr Müller?
Han är utlänning.
Han talar flera språk.

Sind Sie zum ersten Mal hier?
Nein, ich war schon letztes Jahr hier.
Aber nur eine Woche lang.

Är det första gången ni är här?
Nej, jag var här redan förra året.
Men bara en vecka.

Wie gefällt es Ihnen bei uns?
Sehr gut. Die Leute sind nett.
Und die Landschaft gefällt mir auch.

Hur trivs ni här hos oss?
Mycket bra. Folk är trevliga.
Och jag tycker om landskapet också.

Was sind Sie von Beruf?
Ich bin Übersetzer.
Ich übersetze Bücher.

Vad har ni för yrke?
Jag är översättare.
Jag översätter böcker.

Sind Sie allein hier?
Nein, meine Frau / mein Mann ist auch hier.
Und dort sind meine beiden Kinder.

Är ni här ensam?
Nej, min fru / min man är här också.
Och där är mina båda barn.

22 [zweiundzwanzig]

22 [tjugotvå]

Small Talk 3

Småprat 3

Rauchen Sie?	Röker ni?
Früher ja.	Förut ja.
Aber jetzt rauche ich nicht mehr.	Men nu röker jag inte längre.
Stört es Sie, wenn ich rauche?	Stör det er om jag röker?
Nein, absolut nicht.	Nej, inte alls.
Das stört mich nicht.	Det stör mig inte.
Trinken Sie etwas?	Vill ni ha något att dricka?
Einen Cognac?	En konjak?
Nein, lieber ein Bier.	Nej, hellre en öl.
Reisen Sie viel?	Är ni mycket ute och reser?
Ja, meistens sind das Geschäftsreisen.	Ja, för det mesta är det affärsresor.
Aber jetzt machen wir hier Urlaub.	Men nu är vi på semester här.
Was für eine Hitze!	Vilken hetta!
Ja, heute ist es wirklich heiß.	Ja, idag är det verkligen hett.
Gehen wir auf den Balkon.	Vi går ut på balkongen.
Morgen gibt es hier eine Party.	I morgon är det fest här.
Kommen Sie auch?	Kommer ni också?
Ja, wir sind auch eingeladen.	Ja, vi är också inbjudna.

23 [dreiundzwanzig]

Fremdsprachen lernen

23 [tjugotre]

Lära främmande språk

Wo haben Sie Spanisch gelernt?
Können Sie auch Portugiesisch?
Ja, und ich kann auch etwas Italienisch.

Ich finde, Sie sprechen sehr gut.
Die Sprachen sind ziemlich ähnlich.
Ich kann sie gut verstehen.

Aber sprechen und schreiben ist schwer.
Ich mache noch viele Fehler.
Bitte korrigieren Sie mich immer.

Ihre Aussprache ist ganz gut.
Sie haben einen kleinen Akzent.
Man erkennt, woher Sie kommen.

Was ist Ihre Muttersprache?
Machen Sie einen Sprachkurs?
Welches Lehrwerk benutzen Sie?

Ich weiß im Moment nicht, wie das heißt.
Mir fällt der Titel nicht ein.
Ich habe das vergessen.

Var har ni lärt er spanska?
Kan ni portugisiska också?
Ja, och jag kan också lite italienska.

Jag tycker att ni pratar mycket bra.
Språken är ganska lika.
Jag förstår dem bra.

Men tala och skriva är svårt.
Jag gör fortfarande många fel.
Var snäll och rätta mig alltid.

Ert uttal är riktigt bra.
Ni har en liten brytning.
Man hör, var ni kommer ifrån.

Vilket är ert modersmål?
Går ni på språkkurs?
Vilket läromedel använder ni?

Jag vet inte just nu, vad det heter.
Jag kommer inte ihåg titeln.
Jag har glömt det.

24 [vierundzwanzig]

Verabredung

24 [tjugofyra]

Stämma träff

Hast du den Bus verpasst?
Ich habe eine halbe Stunde auf dich gewartet.
Hast du kein Handy bei dir?

Har du missat bussen?
Jag har väntat en halvtimme på dig.
Har du ingen mobil med dig?

Sei das nächste Mal pünktlich!
Nimm das nächste Mal ein Taxi!
Nimm das nächste Mal einen Regenschirm mit!

Var punktlig nästa gång!
Ta en taxi nästa gång!
Ta med dig ett paraply nästa gång!

Morgen habe ich frei.
Wollen wir uns morgen treffen?
Tut mir Leid, morgen geht es bei mir nicht.

I morgon är jag ledig.
Ska vi träffas i morgon?
Nej tyvärr, i morgon går det inte för min del.

Hast du dieses Wochenende schon etwas vor?
Oder bist du schon verabredet?
Ich schlage vor, wir treffen uns am Wochenende.

Har du något för dig i slutet av veckan?
Eller har du redan stämt träff med någon?
Jag föreslår, att vi ses i slutet av veckan.

Wollen wir Picknick machen?
Wollen wir an den Strand fahren?
Wollen wir in die Berge fahren?

Ska vi göra en picknick?
Ska vi åka till stranden?
Ska vi åka till bergen?

Ich hole dich vom Büro ab.
Ich hole dich von zu Hause ab.
Ich hole dich an der Bushaltestelle ab.

Jag hämtar dig från kontoret.
Jag hämtar upp dig hemma.
Jag hämtar dig vid busshållplatsen.

25 [fünfundzwanzig] | 25 [tjugofem]

In der Stadt | I staden

Ich möchte zum Bahnhof.	Jag vill till stationen.
Ich möchte zum Flughafen.	Jag vill till flygplatsen.
Ich möchte ins Stadtzentrum.	Jag vill till centrum.
Wie komme ich zum Bahnhof?	Hur kommer jag till stationen?
Wie komme ich zum Flughafen?	Hur kommer jag till flygplatsen?
Wie komme ich ins Stadtzentrum?	Hur kommer jag till centrum?
Ich brauche ein Taxi.	Jag behöver en taxi.
Ich brauche einen Stadtplan.	Jag behöver en stadskarta.
Ich brauche ein Hotel.	Jag behöver ett hotell.
Ich möchte ein Auto mieten.	Jag skulle vilja hyra en bil.
Hier ist meine Kreditkarte.	Här är mitt kontokort.
Hier ist mein Führerschein.	Här är mitt körkort.
Was gibt es in der Stadt zu sehen?	Vad finns det att se i staden?
Gehen Sie in die Altstadt.	Gå i gamla stan.
Machen Sie eine Stadtrundfahrt.	Ta en rundtur genom staden.
Gehen Sie zum Hafen.	Gå till hamnen.
Machen Sie eine Hafenrundfahrt.	Ta en tur i hamnen.
Welche Sehenswürdigkeiten gibt es außerdem noch?	Vilka sevärdheter finns det annars?

26 [sechsundzwanzig]

In der Natur

26 [tjugosex]

I naturen

Siehst du dort den Turm?
Siehst du dort den Berg?
Siehst du dort das Dorf?

Ser du tornet där borta?
Ser du berget där borta?
Ser du byn där borta?

Siehst du dort den Fluss?
Siehst du dort die Brücke?
Siehst du dort den See?

Ser du floden där borta?
Ser du bron där borta?
Ser du sjön där borta?

Der Vogel da gefällt mir.
Der Baum da gefällt mir.
Der Stein hier gefällt mir.

Jag tycker om den där fågeln.
Jag tycker om det där trädet.
Jag tycker om den här stenen.

Der Park da gefällt mir.
Der Garten da gefällt mir.
Die Blume hier gefällt mir.

Jag tycker om den där parken.
Jag tycker om den där trädgården.
Jag tycker om den här blomman.

Ich finde das hübsch.
Ich finde das interessant.
Ich finde das wunderschön.

Jag tycker det där är fint.
Jag tycker det där är intressant.
Jag tycker det där är fantastiskt vackert.

Ich finde das hässlich.
Ich finde das langweilig.
Ich finde das furchtbar.

Jag tycker det är fult.
Jag tycker det är långtråkigt.
Jag tycker det är fruktansvärt.

27 [siebenundzwanzig]

Im Hotel - Ankunft

27 [tjugosju]

På hotellet - ankomst

Haben Sie ein Zimmer frei?	Har ni ett ledigt rum?
Ich habe ein Zimmer reserviert.	Jag har reserverat ett rum.
Mein Name ist Müller.	Mitt namn är Müller.
Ich brauche ein Einzelzimmer.	Jag behöver ett enkelrum.
Ich brauche ein Doppelzimmer.	Jag behöver ett dubbelrum.
Wie viel kostet das Zimmer pro Nacht?	Hur mycket kostar rummet för en natt?
Ich möchte ein Zimmer mit Bad.	Jag skulle vilja ha ett rum med badrum.
Ich möchte ein Zimmer mit Dusche.	Jag skulle vilja ha ett rum med dusch.
Kann ich das Zimmer sehen?	Kan jag få titta på rummet?
Gibt es hier eine Garage?	Finns det ett garage här?
Gibt es hier einen Safe?	Finns det ett kassaskåp här?
Gibt es hier ein Fax?	Finns det en fax här?
Gut, ich nehme das Zimmer.	Bra, jag tar rummet.
Hier sind die Schlüssel.	Här är nycklarna.
Hier ist mein Gepäck.	Här är mitt bagage.
Um wie viel Uhr gibt es Frühstück?	Vilken tid blir det frukost?
Um wie viel Uhr gibt es Mittagessen?	Vilken tid blir det lunch?
Um wie viel Uhr gibt es Abendessen?	Vilken tid blir det middag?

28 [achtundzwanzig]

Im Hotel - Beschwerden

28 [tjugoåtta]

På hotellet - klagomål

Die Dusche funktioniert nicht.
Es kommt kein warmes Wasser.
Können Sie das reparieren lassen?

Duschen fungerar inte.
Det kommer inget varmvatten.
Kan ni låta det repareras?

Es gibt kein Telefon im Zimmer.
Es gibt keinen Fernseher im Zimmer.
Das Zimmer hat keinen Balkon.

Det finns ingen telefon på rummet.
Det finns ingen TV på rummet.
Rummet har ingen balkong.

Das Zimmer ist zu laut.
Das Zimmer ist zu klein.
Das Zimmer ist zu dunkel.

Rummet är för lyhört.
Rummet är för litet.
Rummet är för mörkt.

Die Heizung funktioniert nicht.
Die Klimaanlage funktioniert nicht.
Der Fernseher ist kaputt.

Uppvärmningen fungerar inte.
Luftkonditioneringen fungerar inte.
TV-apparaten är sönder.

Das gefällt mir nicht.
Das ist mir zu teuer.
Haben Sie etwas Billigeres?

Jag tycker inte om det.
Det är för dyrt.
Har ni något billigare?

Gibt es hier in der Nähe eine Jugendherberge?
Gibt es hier in der Nähe eine Pension?
Gibt es hier in der Nähe ein Restaurant?

Finns det något vandrarhem i närheten?
Finns det något pensionat i närheten?
Finns det någon restaurang i närheten?

29 [neunundzwanzig]

Im Restaurant 1

29 [tjugonio]

På restaurangen 1

Ist der Tisch frei?	Är bordet ledigt?
Ich möchte bitte die Speisekarte.	Kann jag få menyn, tack.
Was können Sie empfehlen?	Vad kan ni rekommendera?
Ich hätte gern ein Bier.	Jag ska be att få en öl.
Ich hätte gern ein Mineralwasser.	Jag ska be att få en mineralvatten.
Ich hätte gern einen Orangensaft.	Jag ska be att få en apelsinjuice.
Ich hätte gern einen Kaffee.	Jag ska be att få en kaffe.
Ich hätte gern einen Kaffee mit Milch.	Jag ska be att få en kaffe med mjölk.
Mit Zucker, bitte.	Med socker, tack.
Ich möchte einen Tee.	Jag skulle vilja ha en te.
Ich möchte einen Tee mit Zitrone.	Jag skulle vilja ha en te med citron.
Ich möchte einen Tee mit Milch.	Jag skulle vilja ha en te med mjölk.
Haben Sie Zigaretten?	Har ni cigaretter?
Haben Sie einen Aschenbecher?	Har ni en askkopp?
Haben Sie Feuer?	Har ni eld?
Mir fehlt eine Gabel.	Jag har ingen gaffel.
Mir fehlt ein Messer.	Jag har ingen kniv.
Mir fehlt ein Löffel.	Jag har ingen sked.

30 [dreißig]

Im Restaurant 2

30 [trettio]

På restaurangen 2

Einen Apfelsaft, bitte.
Eine Limonade, bitte.
Einen Tomatensaft, bitte.

Ich hätte gern ein Glas Rotwein.
Ich hätte gern ein Glas Weißwein.
Ich hätte gern eine Flasche Sekt.

Magst du Fisch?
Magst du Rindfleisch?
Magst du Schweinefleisch?

Ich möchte etwas ohne Fleisch.
Ich möchte eine Gemüseplatte.
Ich möchte etwas, was nicht lange dauert.

Möchten Sie das mit Reis?
Möchten Sie das mit Nudeln?
Möchten Sie das mit Kartoffeln?

Das schmeckt mir nicht.
Das Essen ist kalt.
Das habe ich nicht bestellt.

En äppelsaft, tack.
En lemonad / läsk, tack.
En tomatjuice, tack.

Jag skulle vilja ha ett glas rött vin.
Jag skulle vilja ha ett glas vitt vin.
Jag skulle vilja ha en flaska mousserande vin.

Tycker du om fisk?
Tycker du om nötkött?
Tycker du om griskött?

Jag skulle vilja ha något utan kött.
Jag skulle vilja ha en grönsakstallrik.
Jag skulle vilja ha något som inte tar lång tid.

Vill ni ha ris till det?
Vill ni ha nudlar till det?
Vill ni ha potatis till det?

Det där tycker jag inte om.
Maten är kall.
Det där har jag inte beställt.

31 [einunddreißig]

Im Restaurant 3

31 [trettioett]

På restaurangen 3

Ich möchte eine Vorspeise.	Jag skulle vilja ha en förrätt.
Ich möchte einen Salat.	Jag skulle vilja ha en sallad.
Ich möchte eine Suppe.	Jag skulle vilja ha en soppa.
Ich möchte einen Nachtisch.	Jag skulle vilja ha en efterrätt.
Ich möchte ein Eis mit Sahne.	Jag skulle vilja ha en glass med vispgrädde.
Ich möchte Obst oder Käse.	Jag skulle vilja ha frukt eller ost.
Wir möchten frühstücken.	Vi skulle vilja äta frukost.
Wir möchten zu Mittag essen.	Vi skulle vilja äta lunch.
Wir möchten zu Abend essen.	Vi skulle vilja äta middag.
Was möchten Sie zum Frühstück?	Vad vill ni ha till frukost?
Brötchen mit Marmelade und Honig?	Småfranska med marmelad och honung?
Toast mit Wurst und Käse?	Rostat bröd med korv och ost?
Ein gekochtes Ei?	Ett kokt ägg?
Ein Spiegelei?	Ett stekt ägg?
Ein Omelett?	En omelett?
Bitte noch einen Joghurt.	En yoghurt till, tack.
Bitte noch Salz und Pfeffer.	Mer salt och peppar, tack.
Bitte noch ein Glas Wasser.	Ett glas vatten till, tack.

32 [zweiunddreißig]

Im Restaurant 4

32 [trettiotvå]

På restaurangen 4

Einmal Pommes frites mit Ketchup.	En pommes frites med ketchup.
Und zweimal mit Mayonnaise.	Och två med majonnäs.
Und dreimal Bratwurst mit Senf.	Och tre stekta korvar med senap.
Was für Gemüse haben Sie?	Vad har ni för grönsaker?
Haben Sie Bohnen?	Har ni bönor?
Haben Sie Blumenkohl?	Har ni blomkål?
Ich esse gern Mais.	Jag äter gärna majs.
Ich esse gern Gurken.	Jag äter gärna gurka.
Ich esse gern Tomaten.	Jag äter gärna tomater.
Essen Sie auch gern Lauch?	Äter ni också gärna purjolök?
Essen Sie auch gern Sauerkraut?	Äter ni också gärna surkål?
Essen Sie auch gern Linsen?	Äter ni också gärna linser?
Isst du auch gern Karotten?	Äter du också gärna morötter?
Isst du auch gern Brokkoli?	Äter du också gärna broccoli?
Isst du auch gern Paprika?	Äter du också gärna paprika?
Ich mag keine Zwiebeln.	Jag tycker inte om lök.
Ich mag keine Oliven.	Jag tycker inte om oliver.
Ich mag keine Pilze.	Jag tycker inte om svamp.

33 [dreiunddreißig]

Im Bahnhof

33 [trettiotre]

På stationen

Wann fährt der nächste Zug nach Berlin?	När går nästa tåg till Berlin?
Wann fährt der nächste Zug nach Paris?	När går nästa tåg till Paris?
Wann fährt der nächste Zug nach London?	När går nästa tåg till London?
Um wie viel Uhr fährt der Zug nach Warschau?	När går tåget till Warszawa?
Um wie viel Uhr fährt der Zug nach Stockholm?	När går tåget till Stockholm?
Um wie viel Uhr fährt der Zug nach Budapest?	När går tåget till Budapest?
Ich möchte eine Fahrkarte nach Madrid.	Jag skulle vilja ha en biljett till Madrid.
Ich möchte eine Fahrkarte nach Prag.	Jag skulle vilja ha en biljett till Prag.
Ich möchte eine Fahrkarte nach Bern.	Jag skulle vilja ha en biljett till Bern.
Wann kommt der Zug in Wien an?	När kommer tåget fram till Wien?
Wann kommt der Zug in Moskau an?	När kommer tåget fram till Moskva?
Wann kommt der Zug in Amsterdam an?	När kommer tåget fram till Amsterdam?
Muss ich umsteigen?	Måste jag byta tåg?
Von welchem Gleis fährt der Zug ab?	Från vilket spår avgår tåget?
Gibt es Schlafwagen im Zug?	Finns det sovvagn i tåget?
Ich möchte nur die Hinfahrt nach Brüssel.	Jag vill bara ha en enkel biljett till Bryssel.
Ich möchte eine Rückfahrkarte nach Kopenhagen.	Jag skulle vilja ha en returbiljett till Köpenhamn.
Was kostet ein Platz im Schlafwagen?	Vad kostar en sovvagnsbiljett?

34 [vierunddreißig]

Im Zug

34 [trettiofyra]

På tåget

Ist das der Zug nach Berlin?
Wann fährt der Zug ab?
Wann kommt der Zug in Berlin an?

Är det där tåget till Berlin?
När avgår tåget?
När kommer tåget fram till Berlin?

Verzeihung, darf ich vorbei?
Ich glaube, das ist mein Platz.
Ich glaube, Sie sitzen auf meinem Platz.

Ursäkta, kann jag få komma förbi?
Jag tror, att det här är min plats.
Jag tror, att ni sitter på min plats.

Wo ist der Schlafwagen?
Der Schlafwagen ist am Ende des Zuges.
Und wo ist der Speisewagen? - Am Anfang.

Var är sovvagnen?
Sovvagnen är i slutet av tåget.
Och var är restaurangvagnen?- I början.

Kann ich unten schlafen?
Kann ich in der Mitte schlafen?
Kann ich oben schlafen?

Kan jag få sova nederst?
Kan jag få sova i mitten?
Kan jag få sova överst?

Wann sind wir an der Grenze?
Wie lange dauert die Fahrt nach Berlin?
Hat der Zug Verspätung?

När är vi vid gränsen?
Hur lång tid tar resan till Berlin?
Är tåget försenat?

Haben Sie etwas zu lesen?
Kann man hier etwas zu essen und zu trinken bekommen?
Würden Sie mich bitte um 7.00 Uhr wecken?

Har ni något att läsa?
Kan man få något att äta och dricka här?
Skulle ni kunna väcka mig klockan 7?

35 [fünfunddreißig]

Am Flughafen

35 [trettiofem]

Vid flygplatsen

Ich möchte einen Flug nach Athen buchen.
Ist das ein Direktflug?
Bitte einen Fensterplatz, Nichtraucher.

Ich möchte meine Reservierung bestätigen.
Ich möchte meine Reservierung stornieren.
Ich möchte meine Reservierung umbuchen.

Wann geht die nächste Maschine nach Rom?
Sind noch zwei Plätze frei?
Nein, wir haben nur noch einen Platz frei.

Wann landen wir?
Wann sind wir da?
Wann fährt ein Bus ins Stadtzentrum?

Ist das Ihr Koffer?
Ist das Ihre Tasche?
Ist das Ihr Gepäck?

Wie viel Gepäck kann ich mitnehmen?
Zwanzig Kilo.
Was, nur zwanzig Kilo?

Jag skulle vilja boka ett flyg till Aten.
Är det ett direktflyg?
En fönsterplats för icke rökare, tack.

Jag skulle vilja bekräfta min reservering.
Jag skulle vilja avboka min reservering.
Jag skulle vilja boka om min reservering.

När går nästa flyg till Rom?
Finns det två lediga platser kvar?
Nej, vi har bara en ledig plats kvar.

När landar vi?
När är vi där?
När går bussen till centrum?

Är det er resväska?
Är det er väska?
Är det ert bagage?

Hur mycket bagage kan jag ta med mig?
Tjugo kilo.
Vad, bara tjugo kilo?

36 [sechsunddreißig]

Öffentlicher Nahverkehr

36 [trettiosex]

Lokaltrafik

Wo ist die Bushaltestelle?
Welcher Bus fährt ins Zentrum?
Welche Linie muss ich nehmen?

Var är busshållplatsen?
Vilken buss åker till centrum?
Vilken linje måste jag ta?

Muss ich umsteigen?
Wo muss ich umsteigen?
Was kostet ein Fahrschein?

Måste jag byta?
Var ska jag byta?
Vad kostar en biljett?

Wie viele Haltestellen sind es bis zum Zentrum?
Sie müssen hier aussteigen.
Sie müssen hinten aussteigen.

Hur många hållplatser är det till centrum?
Ni måste stiga av här.
Ni måste stiga av bak.

Die nächste U-Bahn kommt in 5 Minuten.
Die nächste Straßenbahn kommt in 10 Minuten.
Der nächste Bus kommt in 15 Minuten.

Nästa tunnelbanetåg kommer om 5 minuter.
Nästa spårvagn kommer om 10 minuter.
Nästa buss kommer om 15 minuter.

Wann fährt die letzte U-Bahn?
Wann fährt die letzte Straßenbahn?
Wann fährt der letzte Bus?

När går sista tunnelbanetåget?
När går sista spårvagnen?
När går sista bussen?

Haben Sie einen Fahrschein?
Einen Fahrschein? - Nein, ich habe keinen.
Dann müssen Sie eine Strafe zahlen.

Har ni en biljett?
En biljett? - Nej, jag har ingen.
Då måste ni betala böter.

37 [siebenunddreißig]

Unterwegs

37 [trettiosju]

På väg

Er fährt mit dem Motorrad.	Han åker med motorcykeln.
Er fährt mit dem Fahrrad.	Han åker med cykeln.
Er geht zu Fuß.	Han går till fots.
Er fährt mit dem Schiff.	Han åker med fartyget.
Er fährt mit dem Boot.	Han åker med båten.
Er schwimmt.	Han simmar.
Ist es hier gefährlich?	Är det farligt här?
Ist es gefährlich, allein zu trampen?	Är det farligt att lifta ensam?
Ist es gefährlich, nachts spazieren zu gehen?	Är det farligt att gå ut och gå på nätterna?
Wir haben uns verfahren.	Vi har kört vilse.
Wir sind auf dem falschen Weg.	Vi har kommit på fel väg.
Wir müssen umkehren.	Vi måste åka tillbaka.
Wo kann man hier parken?	Var kan man parkera här?
Gibt es hier einen Parkplatz?	Finns det någon parkeringsplats här?
Wie lange kann man hier parken?	Hur länge kan man parkera här?
Fahren Sie Ski?	Åker ni skidor?
Fahren Sie mit dem Skilift nach oben?	Åker ni upp med skidliften?
Kann man hier Ski leihen?	Kan man låna skidor här?

38 [achtunddreißig]

Im Taxi

38 [trettioåtta]

I taxin

Rufen Sie bitte ein Taxi.	Var snäll och ring efter en taxi.
Was kostet es bis zum Bahnhof?	Vad kostar det till stationen?
Was kostet es bis zum Flughafen?	Vad kostar det till flygplatsen?
Bitte geradeaus.	Rakt fram, tack.
Bitte hier nach rechts.	Sväng till höger här, tack.
Bitte dort an der Ecke nach links.	Sväng till vänster vid hörnet, tack.
Ich habe es eilig.	Jag har bråttom.
Ich habe Zeit.	Jag har tid.
Fahren Sie bitte langsamer.	Var snäll och kör långsammare.
Halten Sie hier bitte.	Stanna här,tack.
Warten Sie bitte einen Moment.	Var snäll och vänta ett ögonblick.
Ich bin gleich zurück.	Jag är snart tillbaka.
Bitte geben Sie mir eine Quittung.	Ge mig ett kvitto, tack.
Ich habe kein Kleingeld.	Jag har inga småpengar.
Es stimmt so, der Rest ist für Sie.	Det är jämt så, behåll växeln.
Fahren Sie mich zu dieser Adresse.	Kör mig till den här adressen.
Fahren Sie mich zu meinem Hotel.	Kör mig till mitt hotell.
Fahren Sie mich zum Strand.	Kör mig till stranden.

39 [neununddreißig]

Autopanne

39 [trettionio]

Motorstopp

Wo ist die nächste Tankstelle?	Var är närmaste bensinstation?
Ich habe einen Platten.	Jag har fått punktering.
Können Sie das Rad wechseln?	Kan ni byta däck?
Ich brauche ein paar Liter Diesel.	Jag behöver ett par liter diesel.
Ich habe kein Benzin mehr.	Jag har slut på bensin.
Haben Sie einen Reservekanister?	Har ni en reservdunk?
Wo kann ich telefonieren?	Var kan jag ringa?
Ich brauche einen Abschleppdienst.	Jag behöver en bärgningsbil.
Ich suche eine Werkstatt.	Jag letar efter en verkstad.
Es ist ein Unfall passiert.	Det har hänt en olycka.
Wo ist das nächste Telefon?	Var är närmaste telefon?
Haben Sie ein Handy bei sich?	Har ni en mobil på er?
Wir brauchen Hilfe.	Vi behöver hjälp.
Rufen Sie einen Arzt!	Ring efter en läkare!
Rufen Sie die Polizei!	Ring på polisen!
Ihre Papiere, bitte.	Era papper, tack.
Ihren Führerschein, bitte.	Ert körkort, tack.
Ihren Kfz-Schein, bitte.	Kan jag få se ert registreringsbevis, tack.

40 [vierzig]

Nach dem Weg fragen

40 [fyrtio]

Fråga efter vägen

Entschuldigen Sie!
Können Sie mir helfen?
Wo gibt es hier ein gutes Restaurant?

Ursäkta!
Kan ni hjälpa mig?
Var finns en bra restaurang här?

Gehen Sie links um die Ecke.
Gehen Sie dann ein Stück geradeaus.
Gehen Sie dann hundert Meter nach rechts.

Gå runt hörnet till vänster.
Gå sedan en bit rakt fram.
Gå sedan hundra meter till höger.

Sie können auch den Bus nehmen.
Sie können auch die Straßenbahn nehmen.
Sie können auch einfach hinter mir herfahren.

Ni kan också ta bussen.
Ni kan också ta spårvagnen.
Ni kan också helt enkelt åka efter mig.

Wie komme ich zum Fußballstadion?
Überqueren Sie die Brücke!
Fahren Sie durch den Tunnel!

Hur kommer jag till fotbollsstadion?
Gå över bron!
Åk genom tunneln!

Fahren Sie bis zur dritten Ampel.
Biegen Sie dann die erste Straße rechts ab.
Fahren Sie dann geradeaus über die nächste Kreuzung.

Åk fram till tredje trafikljuset.
Ta sedan av till höger vid första gatan.
Åk sedan rakt fram vid nästa korsning.

Entschuldigung, wie komme ich zum Flughafen?
Am besten nehmen Sie die U-Bahn.
Fahren Sie einfach bis zur Endstation.

Ursäkta, hur kommer jag till flygplatsen?
Det är bäst att ta tunnelbanan.
Åk helt enkelt ända fram till slutstationen.

41 [einundvierzig] | 41 [fyrtioett]

Orientierung | Trafikinformation

Wo ist das Fremdenverkehrsamt?	Var är turistbyrån?
Haben Sie einen Stadtplan für mich?	Har ni en stadskarta åt mig?
Kann man hier ein Hotelzimmer reservieren?	Kan man reservera ett hotellrum här?
Wo ist die Altstadt?	Var är gamla stan?
Wo ist der Dom?	Var är domkyrkan?
Wo ist das Museum?	Var är muséet?
Wo gibt es Briefmarken zu kaufen?	Var kan man köpa frimärken?
Wo gibt es Blumen zu kaufen?	Var kan man köpa blommor?
Wo gibt es Fahrkarten zu kaufen?	Var kan man köpa biljetter?
Wo ist der Hafen?	Var är hamnen?
Wo ist der Markt?	Var är marknaden?
Wo ist das Schloss?	Var är slottet?
Wann beginnt die Führung?	När börjar guidningen?
Wann endet die Führung?	När slutar guidningen?
Wie lange dauert die Führung?	Hur lång tid tar guidningen?
Ich möchte einen Führer, der Deutsch spricht.	Jag skulle vilja ha en guide, som talar tyska.
Ich möchte einen Führer, der Italienisch spricht.	Jag skulle vilja ha en guide, som talar italienska.
Ich möchte einen Führer, der Französisch spricht.	Jag skulle vilja ha en guide, som talar franska.

42 [zweiundvierzig]

Stadtbesichtigung

42 [fyrtiotvå]

Stadsbesök

Ist der Markt sonntags geöffnet?	Är marknadsplatsen öppen på söndagar?
Ist die Messe montags geöffnet?	Är mässan öppen på måndagar?
Ist die Ausstellung dienstags geöffnet?	Är utställningen öppen på tisdagar?
Hat der Zoo mittwochs geöffnet?	Är zoot öppet på onsdagar?
Hat das Museum donnerstags geöffnet?	Är muséet öppet på torsdagar?
Hat die Galerie freitags geöffnet?	Är galleriet öppet på fredagar?
Darf man fotografieren?	Får man fotografera?
Muss man Eintritt bezahlen?	Måste man betala inträde?
Wie viel kostet der Eintritt?	Hur mycket kostar inträdet?
Gibt es eine Ermäßigung für Gruppen?	Finns det grupprabatt?
Gibt es eine Ermäßigung für Kinder?	Finns det barnrabatt?
Gibt es eine Ermäßigung für Studenten?	Finns det studentrabatt?
Was für ein Gebäude ist das?	Vad är det där för en byggnad?
Wie alt ist das Gebäude?	Hur gammal är byggnaden?
Wer hat das Gebäude gebaut?	Vem har byggt byggnaden?
Ich interessiere mich für Architektur.	Jag intresserar mig för arkitektur.
Ich interessiere mich für Kunst.	Jag intresserar mig för konst.
Ich interessiere mich für Malerei.	Jag intresserar mig för måleri.

43 [dreiundvierzig]

43 [fyrtiotre]

Im Zoo

På zoo

Dort ist der Zoo.	Där är zoot.
Dort sind die Giraffen.	Där är girafferna.
Wo sind die Bären?	Var är björnarna?
Wo sind die Elefanten?	Var är elefanterna?
Wo sind die Schlangen?	Var är ormarna?
Wo sind die Löwen?	Var är lejonen?
Ich habe einen Fotoapparat.	Jag har en kamera.
Ich habe auch eine Filmkamera.	Jag har också en filmkamera.
Wo ist eine Batterie?	Var finns ett batteri?
Wo sind die Pinguine?	Var är pingvinerna?
Wo sind die Kängurus?	Var finns kängururna?
Wo sind die Nashörner?	Var är noshörningarna?
Wo ist eine Toilette?	Var finns en toalett?
Dort ist ein Café.	Där är ett kafé.
Dort ist ein Restaurant.	Där är en restaurang.
Wo sind die Kamele?	Var är kamelerna?
Wo sind die Gorillas und die Zebras?	Var är gorillorna och sebrorna?
Wo sind die Tiger und die Krokodile?	Var är tigrarna och krokodilerna?

44 [vierundvierzig]

Abends ausgehen

44 [fyrtiofyra]

Gå ut på kvällen

Gibt es hier eine Diskothek?	Finns det ett diskotek här?
Gibt es hier einen Nachtclub?	Finns det en nattklubb här?
Gibt es hier eine Kneipe?	Finns det en pub här?
Was gibt es heute Abend im Theater?	Vad visas på teatern i kväll?
Was gibt es heute Abend im Kino?	Vad går det för film på bio i kväll?
Was gibt es heute Abend im Fernsehen?	Vad blir det på tv i kväll?
Gibt es noch Karten fürs Theater?	Finns det teaterbiljetter kvar?
Gibt es noch Karten fürs Kino?	Finns det biobiljetter kvar?
Gibt es noch Karten für das Fußballspiel?	Finns det biljetter kvar till fotbollsmatchen?
Ich möchte ganz hinten sitzen.	Jag vill sitta längst bak.
Ich möchte irgendwo in der Mitte sitzen.	Jag vill sitta någonstans i mitten.
Ich möchte ganz vorn sitzen.	Jag vill sitta längst fram.
Können Sie mir etwas empfehlen?	Kan ni rekommendera mig något?
Wann beginnt die Vorstellung?	När börjar föreställningen?
Können Sie mir eine Karte besorgen?	Kan ni skaffa mig en biljett?
Ist hier in der Nähe ein Golfplatz?	Finns det någon golfbana här i närheten?
Ist hier in der Nähe ein Tennisplatz?	Finns det någon tennisbana i närheten?
Ist hier in der Nähe ein Hallenbad?	Finns det någon simhall här i närheten?

45 [fünfundvierzig] | 45 [fyrtiofem]

Im Kino | På bio

Wir wollen ins Kino. | Vi ska gå på bio.
Heute läuft ein guter Film. | I kväll går det en bra film.
Der Film ist ganz neu. | Filmen är helt ny.

Wo ist die Kasse? | Var är kassan?
Gibt es noch freie Plätze? | Finns det några lediga platser kvar?
Was kosten die Eintrittskarten? | Vad kostar inträdesbiljetterna?

Wann beginnt die Vorstellung? | När börjar föreställningen?
Wie lange dauert der Film? | Hur länge varar filmen?
Kann man Karten reservieren? | Kan man reservera biljetter?

Ich möchte hinten sitzen. | Jag vill sitta bak.
Ich möchte vorn sitzen. | Jag vill sitta fram.
Ich möchte in der Mitte sitzen. | Jag vill sitta i mitten.

Der Film war spannend. | Filmen var spännande.
Der Film war nicht langweilig. | Filmen var inte långtråkig.
Aber das Buch zum Film war besser. | Men boken som filmen bygger på var bättre.

Wie war die Musik? | Hur var musiken?
Wie waren die Schauspieler? | Hur var skådespelarna?
Gab es Untertitel in englischer Sprache? | Var det textat på engelska?

46 [sechsundvierzig]

In der Diskothek

46 [fyrtiosex]

På diskoteket

Ist der Platz hier frei?
Darf ich mich zu Ihnen setzen?
Gern.

Wie finden Sie die Musik?
Ein bisschen zu laut.
Aber die Band spielt ganz gut.

Sind Sie öfter hier?
Nein, das ist das erste Mal.
Ich war noch nie hier.

Tanzen Sie?
Später vielleicht.
Ich kann nicht so gut tanzen.

Das ist ganz einfach.
Ich zeige es Ihnen.
Nein, lieber ein anderes Mal.

Warten Sie auf jemand?
Ja, auf meinen Freund.
Da hinten kommt er ja!

Är den här platsen ledig?
Får jag sätta mig hos er?
Gärna.

Vad tycker ni om musiken?
Litet för högljudd.
Men bandet spelar väldigt bra.

Är ni ofta här?
Nej, det är första gången.
Jag har aldrig varit här förut.

Dansar ni?
Senare kanske.
Jag kan inte dansa så bra.

Det är mycket enkelt.
Jag ska visa er.
Nej, hellre en annan gång.

Väntar ni på någon?
Ja, på min vän.
Där borta kommer han ju!

47 [siebenundvierzig]

Reisevorbereitungen

47 [fyrtiosju]

Reseförberedelser

Du musst unseren Koffer packen!	Du måste packa vår resväska!
Du darfst nichts vergessen!	Du får inte glömma något!
Du brauchst einen großen Koffer!	Du behöver en stor resväska!
Vergiss nicht den Reisepass!	Glöm inte passet!
Vergiss nicht das Flugticket!	Glöm inte flygbiljetten!
Vergiss nicht die Reiseschecks!	Glöm inte resecheckarna!
Nimm Sonnencreme mit.	Ta med solkräm.
Nimm die Sonnenbrille mit.	Ta med solglasögonen.
Nimm den Sonnenhut mit.	Ta med solhatten.
Willst du eine Straßenkarte mitnehmen?	Vill du ta med en stadskarta?
Willst du einen Reiseführer mitnehmen?	Vill du ta med en resehandbok?
Willst du einen Regenschirm mitnehmen?	Vill du ta med ett paraply?
Denk an die Hosen, die Hemden, die Socken.	Kom ihåg byxorna, skjortorna, sockorna.
Denk an die Krawatten, die Gürtel, die Sakkos.	Kom ihåg slipsarna, bältena, kavajerna.
Denk an die Schlafanzüge, die Nachthemden und die T-Shirts.	Kom ihåg pyjamasarna, nattlinnena och T-shirtarna.
Du brauchst Schuhe, Sandalen und Stiefel.	Du behöver skor, sandaler och stövlar.
Du brauchst Taschentücher, Seife und eine Nagelschere.	Du behöver näsdukar, tvål och en nagelsax.
Du brauchst einen Kamm, eine Zahnbürste und Zahnpasta.	Du behöver en kam, en tandborste och tandkräm.

48 [achtundvierzig]

Urlaubsaktivitäten

48 [fyrtiåtta]

Semesteraktiviteter

Ist der Strand sauber?	Är stranden ren?
Kann man dort baden?	Kan man bada där?
Ist es nicht gefährlich, dort zu baden?	Är det inte farligt att bada där?
Kann man hier einen Sonnenschirm leihen?	Kan man låna ett parasoll här?
Kann man hier einen Liegestuhl leihen?	Kan man låna en solstol här?
Kann man hier ein Boot leihen?	Kan man låna en båt här?
Ich würde gern surfen.	Jag skulle gärna vilja surfa.
Ich würde gern tauchen.	Jag skulle gärna vilja dyka.
Ich würde gern Wasserski fahren.	Jag skulle gärna vilja åka vattenskidor.
Kann man ein Surfbrett mieten?	Kan man hyra en surfbräda?
Kann man eine Taucherausrüstung mieten?	Kan man hyra en dykarutrustning?
Kann man Wasserskier mieten?	Kan man hyra vattenskidor?
Ich bin erst Anfänger.	Jag är bara nybörjare.
Ich bin mittelgut.	Jag är medelbra.
Ich kenne mich damit schon aus.	Jag vet hur det går till.
Wo ist der Skilift?	Var är skidliften?
Hast du denn Skier dabei?	Har du skidor med dig?
Hast du denn Skischuhe dabei?	Har du pjäxor med dig?

49 [neunundvierzig]

Sport

49 [fyrtionio]

Sport

Treibst du Sport?	Utövar du sport?
Ja, ich muss mich bewegen.	Ja, jag måste röra på mig.
Ich gehe in einen Sportverein.	Jag är med i en idrottsförening.
Wir spielen Fußball.	Vi spelar fotboll.
Manchmal schwimmen wir.	Ibland simmar vi.
Oder wir fahren Rad.	Eller så cyklar vi.
In unserer Stadt gibt es ein Fußballstadion.	I vår stad finns en fotbollsstadion.
Es gibt auch ein Schwimmbad mit Sauna.	Det finns även simhall med bastu.
Und es gibt einen Golfplatz.	Och det finns en golfbana.
Was gibt es im Fernsehen?	Vad blir det på TV?
Gerade gibt es ein Fußballspiel.	Just nu är det en fotbollsmatch.
Die deutsche Mannschaft spielt gegen die englische.	Det tyska laget spelar mot det engelska.
Wer gewinnt?	Vem vinner?
Ich habe keine Ahnung.	Jag har ingen aning.
Im Moment steht es unentschieden.	Just nu står det oavgjort.
Der Schiedsrichter kommt aus Belgien.	Domaren kommer från Belgien.
Jetzt gibt es einen Elfmeter.	Nu blir det straffspark.
Tor! Eins zu null!	Mål! Ett noll!

50 [fünfzig]

Im Schwimmbad

50 [femtio]

I simhallen

Heute ist es heiß.	I dag är det hett.
Gehen wir ins Schwimmbad?	Ska vi gå till simhallen?
Hast du Lust, schwimmen zu gehen?	Har du lust att gå och simma?
Hast du ein Handtuch?	Har du en handduk?
Hast du eine Badehose?	Har du badbyxor?
Hast du einen Badeanzug?	Har du en baddräkt?
Kannst du schwimmen?	Kan du simma?
Kannst du tauchen?	Kan du dyka?
Kannst du ins Wasser springen?	Kan du hoppa i vattnet?
Wo ist die Dusche?	Var är duschen?
Wo ist die Umkleidekabine?	Var är omklädningshytterna?
Wo ist die Schwimmbrille?	Var är simglasögonen?
Ist das Wasser tief?	Är vattnet djupt?
Ist das Wasser sauber?	Är vattnet rent?
Ist das Wasser warm?	Är vattnet varmt?
Ich friere.	Jag fryser.
Das Wasser ist zu kalt.	Vattnet är för kallt.
Ich gehe jetzt aus dem Wasser.	Jag går upp ur vattnet nu.

51 [einundfünfzig]

51 [femtioett]

Besorgungen machen

Uträtta ärenden.

Ich will in die Bibliothek.
Ich will in die Buchhandlung.
Ich will zum Kiosk.

Jag vill gå till biblioteket.
Jag vill gå till bokhandeln.
Jag vill gå till kiosken.

Ich will ein Buch leihen.
Ich will ein Buch kaufen.
Ich will eine Zeitung kaufen.

Jag vill låna en bok.
Jag vill köpa en bok.
Jag vill köpa en tidning.

Ich will in die Bibliothek, um ein Buch zu leihen.
Ich will in die Buchhandlung, um ein Buch zu kaufen.
Ich will zum Kiosk, um eine Zeitung zu kaufen.

Jag vill gå till bibloteket, för att låna en bok.
Jag vill gå till bokhandeln, för att köpa en bok.
Jag vill gå till kiosken, för att köpa en tidning.

Ich will zum Optiker.
Ich will zum Supermarkt.
Ich will zum Bäcker.

Jag vill gå till optikern.
Jag vill gå till stormarknaden.
Jag vill gå till bageriet.

Ich will eine Brille kaufen.
Ich will Obst und Gemüse kaufen.
Ich will Brötchen und Brot kaufen.

Jag vill köpa glasögon.
Jag vill köpa frukt och grönsaker.
Jag vill köpa småfranska och bröd.

Ich will zum Optiker, um eine Brille zu kaufen.
Ich will zum Supermarkt, um Obst und Gemüse zu kaufen.
Ich will zum Bäcker, um Brötchen und Brot zu kaufen.

Jag vill gå till optikern, för att köpa glasögon.
Jag vill åka till stormarknaden, för att köpa frukt och grönsaker.
Jag vill gå till bageriet, för att köpa småfranska och bröd.

52 [zweiundfünfzig] — 52 [femtiotvå]

Im Kaufhaus — I varuhuset

Gehen wir in ein Kaufhaus?	Ska vi gå till ett varuhus?
Ich muss Einkäufe machen.	Jag måste handla.
Ich will viel einkaufen.	Jag vill handla mycket.
Wo sind die Büroartikel?	Var finns kontorsartiklar?
Ich brauche Briefumschläge und Briefpapier.	Jag behöver kuvert och brevpapper.
Ich brauche Kulis und Filzstifte.	Jag behöver kulspetspennor och tuschpennor.
Wo sind die Möbel?	Var är möblerna?
Ich brauche einen Schrank und eine Kommode.	Jag behöver ett skåp och en byrå.
Ich brauche einen Schreibtisch und ein Regal.	Jag behöver ett skrivbord och en hylla.
Wo sind die Spielsachen?	Var är leksakerna?
Ich brauche eine Puppe und einen Teddybär.	Jag behöver en docka och en teddybjörn.
Ich brauche einen Fußball und ein Schachspiel.	Jag behöver en fotboll och ett schackspel.
Wo ist das Werkzeug?	Var är verktygen?
Ich brauche einen Hammer und eine Zange.	Jag behöver en hammare och en tång.
Ich brauche einen Bohrer und einen Schraubenzieher.	Jag behöver en borr och en skruvmejsel.
Wo ist der Schmuck?	Var är smyckena?
Ich brauche eine Kette und ein Armband.	Jag behöver en kedja och ett armband.
Ich brauche einen Ring und Ohrringe.	Jag behöver en ring och örhängen.

53 [dreiundfünfzig] | 53 [femtiotre]

Geschäfte | Affärer

Wir suchen ein Sportgeschäft.	Vi letar efter en sportaffär.
Wir suchen eine Fleischerei.	Vi letar efter en köttaffär.
Wir suchen eine Apotheke.	Vi letar efter ett apotek.
Wir möchten nämlich einen Fußball kaufen.	Vi skulle nämligen vilja köpa en fotboll.
Wir möchten nämlich Salami kaufen.	Vi skulle nämligen vilja köpa salami.
Wir möchten nämlich Medikamente kaufen.	Vi vill nämligen köpa medicin.
Wir suchen ein Sportgeschäft, um einen Fußball zu kaufen.	Vi letar efter en sportaffär, för att köpa en fotboll.
Wir suchen eine Fleischerei, um Salami zu kaufen.	Vi letar efter en köttaffär, för att köpa salami.
Wir suchen eine Apotheke, um Medikamente zu kaufen.	Vi letar efter ett apotek, för att köpa medicin.
Ich suche einen Juwelier.	Jag letar efter en juvelerare.
Ich suche ein Fotogeschäft.	Jag letar efter en fotoaffär.
Ich suche eine Konditorei.	Jag letar efter ett konditori.
Ich habe nämlich vor, einen Ring zu kaufen.	Jag tänker nämligen köpa en ring.
Ich habe nämlich vor, einen Film zu kaufen.	Jag tänker nämligen köpa en film.
Ich habe nämlich vor, eine Torte zu kaufen.	Jag tänker nämligen köpa en tårta.
Ich suche einen Juwelier, um einen Ring zu kaufen.	Jag letar efter en juvelerare, för att köpa en ring.
Ich suche ein Fotogeschäft, um einen Film zu kaufen.	Jag letar efter en fotoaffär, för att köpa en film.
Ich suche eine Konditorei, um eine Torte zu kaufen.	Jag letar efter ett konditori, för att köpa en tårta.

54 [vierundfünfzig]

Einkaufen

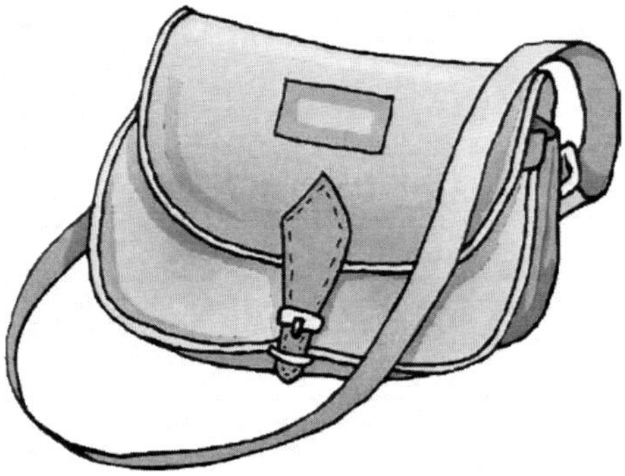

54 [femtiofyra]

Gå och handla

Ich möchte ein Geschenk kaufen.	Jag skulle vilja köpa en present.
Aber nichts allzu Teueres.	Men inget som är för dyrt.
Vielleicht eine Handtasche?	Kanske en handväska?
Welche Farbe möchten Sie?	Vilken färg skulle ni vilja ha?
Schwarz, braun oder weiß?	Svart, brun eller vit?
Eine große oder eine kleine?	En stor eller en liten?
Darf ich diese mal sehen?	Får jag se på den där?
Ist die aus Leder?	Är den av läder?
Oder ist die aus Kunststoff?	Eller är den av konstläder?
Aus Leder natürlich.	Av läder naturligtvis.
Das ist eine besonders gute Qualität.	Det är en särskilt bra kvalitet.
Und die Handtasche ist wirklich sehr preiswert.	Och handväskan är verkligen mycket prisvärd.
Die gefällt mir.	Jag tycker om den.
Die nehme ich.	Jag tar den.
Kann ich die eventuell umtauschen?	Kan jag eventuellt byta den?
Selbstverständlich.	Självklart.
Wir packen sie als Geschenk ein.	Vi slår in den som present.
Dort drüben ist die Kasse.	Där borta är kassan.

55 [fünfundfünfzig] | 55 [femtiofem]

Arbeiten | Arbeta

Was machen Sie beruflich?	Vad har ni för yrke?
Mein Mann ist Arzt von Beruf.	Min man är läkare till yrket.
Ich arbeite halbtags als Krankenschwester.	Jag arbetar deltid som sjuksköterska.
Bald bekommen wir Rente.	Snart får vi pension.
Aber die Steuern sind hoch.	Men skatterna är höga.
Und die Krankenversicherung ist hoch.	Och sjukförsäkringen är hög.
Was willst du einmal werden?	Vad vill du bli?
Ich möchte Ingenieur werden.	Jag vill bli ingenjör.
Ich will an der Universität studieren.	Jag vill studera på universitet.
Ich bin Praktikant.	Jag är praktikant.
Ich verdiene nicht viel.	Jag tjänar inte mycket.
Ich mache ein Praktikum im Ausland.	Jag praktiserar utomlands.
Das ist mein Chef.	Det där är min chef.
Ich habe nette Kollegen.	Jag har trevliga kollegor.
Mittags gehen wir immer in die Kantine.	Vid lunchtid går vi alltid till personalrestaurangen.
Ich suche eine Stelle.	Jag söker en anställning.
Ich bin schon ein Jahr arbeitslos.	Jag har varit arbetslös i ett år.
In diesem Land gibt es zu viele Arbeitslose.	I det här landet finns det allt för många arbetslösa.

56 [sechsundfünfzig]

56 [femtiosex]

Gefühle

Känslor

Lust haben	Ha lust.
Wir haben Lust.	Vi har lust.
Wir haben keine Lust.	Vi har ingen lust.
Angst haben	Vara rädd
Ich habe Angst.	Jag är rädd.
Ich habe keine Angst.	Jag är inte rädd.
Zeit haben	Ha tid
Er hat Zeit.	Han har tid.
Er hat keine Zeit.	Han har inte tid.
Langeweile haben	Ha långtråkigt
Sie hat Langeweile.	Hon har långtråkigt.
Sie hat keine Langeweile.	Hon har inte långtråkigt.
Hunger haben	Vara hungrig
Habt ihr Hunger?	Är ni hungriga?
Habt ihr keinen Hunger?	Är ni inte hungriga?
Durst haben	Vara törstig
Sie haben Durst.	De är törstiga.
Sie haben keinen Durst.	De är inte törstiga.

57 [siebenundfünfzig]

Beim Arzt

57 [femtiosju]

Hos läkaren

Ich habe einen Termin beim Arzt.	Jag har en läkartid.
Ich habe den Termin um zehn Uhr.	Jag har en läkartid klockan tio.
Wie ist Ihr Name?	Hur var namnet?
Bitte nehmen Sie im Wartezimmer Platz.	Var så god och ta plats i väntrummet.
Der Arzt kommt gleich.	Doktorn kommer snart.
Wo sind Sie versichert?	Var är ni försäkrad?
Was kann ich für Sie tun?	Vad kan jag göra för er?
Haben Sie Schmerzen?	Har ni smärtor?
Wo tut es weh?	Var gör det ont?
Ich habe immer Rückenschmerzen.	Jag har alltid ont i ryggen.
Ich habe oft Kopfschmerzen.	Jag har ofta huvudvärk.
Ich habe manchmal Bauchschmerzen.	Jag har ont i magen ibland.
Machen Sie bitte den Oberkörper frei!	Ta av er på överkroppen, tack!
Legen Sie sich bitte auf die Liege!	Var snäll och lägg er på britsen!
Der Blutdruck ist in Ordnung.	Blodtrycket är normalt.
Ich gebe Ihnen eine Spritze.	Jag ger er en spruta.
Ich gebe Ihnen Tabletten.	Jag ger er tabletter.
Ich gebe Ihnen ein Rezept für die Apotheke.	Jag ger er ett recept för apoteket.

58 [achtundfünfzig]

58 [femtioåtta]

Körperteile

Kroppsdelar

Ich zeichne einen Mann.
Zuerst den Kopf.
Der Mann trägt einen Hut.

Jag ritar en man.
Först huvudet.
Mannen bär en hatt.

Die Haare sieht man nicht.
Die Ohren sieht man auch nicht.
Den Rücken sieht man auch nicht.

Håret ser man inte.
Öronen ser man inte heller.
Ryggen ser man inte heller.

Ich zeichne die Augen und den Mund.
Der Mann tanzt und lacht.
Der Mann hat eine lange Nase.

Jag ritar ögonen och munnen.
Mannen dansar och skrattar.
Mannen har en lång näsa.

Er trägt einen Stock in den Händen.
Er trägt auch einen Schal um den Hals.
Es ist Winter und es ist kalt.

Han har en käpp i handen.
Han har också en sjal runt halsen.
Det är vinter och det är kallt.

Die Arme sind kräftig.
Die Beine sind auch kräftig.
Der Mann ist aus Schnee.

Armarna är kraftiga.
Benen är också kraftiga.
Mannen är av snö.

Er trägt keine Hose und keinen Mantel.
Aber der Mann friert nicht.
Er ist ein Schneemann.

Han har inga byxor och ingen överrock.
Men mannen fryser inte.
Han är en snögubbe.

59 [neunundfünfzig]	59 [femtionio]
Im Postamt	På posten

Wo ist das nächste Postamt?	Var är närmaste postkontor?
Ist es weit bis zum nächsten Postamt?	Är det långt till närmaste post?
Wo ist der nächste Briefkasten?	Var är närmaste brevlåda?
Ich brauche ein paar Briefmarken.	Jag behöver ett par frimärken.
Für eine Karte und einen Brief.	För ett kort och ett brev.
Wie teuer ist das Porto nach Amerika?	Hur dyrt är portot till Amerika?
Wie schwer ist das Paket?	Hur tungt är paketet?
Kann ich es per Luftpost schicken?	Kan jag skicka det med flygpost?
Wie lange dauert es, bis es ankommt?	Hur länge dröjer det, tills det kommer fram?
Wo kann ich telefonieren?	Var kan jag ringa?
Wo ist die nächste Telefonzelle?	Var finns närmaste telefonkiosk?
Haben Sie Telefonkarten?	Har ni telefonkort?
Haben Sie ein Telefonbuch?	Har ni en telefonkatalog?
Kennen Sie die Vorwahl von Österreich?	Vet ni landsnumret till Österrike?
Einen Augenblick, ich schau mal nach.	Ett ögonblick, jag ska se efter.
Die Leitung ist immer besetzt.	Linjen är alltid upptagen.
Welche Nummer haben Sie gewählt?	Vilket nummer har ni valt?
Sie müssen zuerst die Null wählen!	Ni måste först slå en nolla!

60 [sechzig]

In der Bank

60 [sextio]

På banken

Ich möchte ein Konto eröffnen.	Jag skulle vilja öppna ett konto.
Hier ist mein Pass.	Här är mitt pass.
Und hier ist meine Adresse.	Och här är min adress.
Ich möchte Geld auf mein Konto einzahlen.	Jag skulle vilja sätta in pengar på mitt konto.
Ich möchte Geld von meinem Konto abheben.	Jag skulle vilja ta ut pengar från mitt konto.
Ich möchte die Kontoauszüge abholen.	Jag skulle vilja hämta kontoutdragen.
Ich möchte einen Reisescheck einlösen.	Jag skulle vilja lösa in en resecheck.
Wie hoch sind die Gebühren?	Hur höga är avgifterna?
Wo muss ich unterschreiben?	Var ska jag skriva under?
Ich erwarte eine Überweisung aus Deutschland.	Jag väntar på en girering från Tyskland.
Hier ist meine Kontonummer.	Här är mitt kontonummer.
Ist das Geld angekommen?	Har pengarna kommit?
Ich möchte dieses Geld wechseln.	Jag skulle vilja växla de här pengarna.
Ich brauche US-Dollar.	Jag behöver US-dollar.
Bitte geben Sie mir kleine Scheine.	Var snäll och ge mig små sedlar.
Gibt es hier einen Geldautomat?	Finns det någon bankomat här?
Wie viel Geld kann man abheben?	Hur mycket pengar får man ta ut?
Welche Kreditkarten kann man benutzen?	Vilka kontokort kan man använda?

61 [einundsechzig]

Ordinalzahlen

61 [sextioett]

Ordningstal

Der erste Monat ist der Januar.
Der zweite Monat ist der Februar.
Der dritte Monat ist der März.

Den första månaden är januari.
Den andra månaden är februari.
Den tredje månaden är mars.

Der vierte Monat ist der April.
Der fünfte Monat ist der Mai.
Der sechste Monat ist der Juni.

Den fjärde månaden är april.
Den femte månaden är maj.
Den sjätte månaden är juni.

Sechs Monate sind ein halbes Jahr.
Januar, Februar, März,
April, Mai und Juni.

Sex månader är ett halvår.
Januari, februari, mars,
april, maj och juni.

Der siebte Monat ist der Juli.
Der achte Monat ist der August.
Der neunte Monat ist der September.

Den sjunde månaden är juli.
Den åttonde månaden är augusti.
Den nionde månaden är september.

Der zehnte Monat ist der Oktober.
Der elfte Monat ist der November.
Der zwölfte Monat ist der Dezember.

Den tionde månaden är oktober.
Den elfte månaden är november.
Den tolfte månaden är december.

Zwölf Monate sind ein Jahr.
Juli, August, September,
Oktober, November und Dezember.

Tolv månader är ett år.
Juli, augusti, september,
oktober, november och december.

62 [zweiundsechzig]

Fragen stellen 1

62 [sextiotvå]

Ställa frågor 1

lernen	lära
Lernen die Schüler viel?	Lär sig eleverna mycket?
Nein, sie lernen wenig.	Nej, de lär sig lite.
fragen	fråga
Fragen Sie oft den Lehrer?	Frågar ni ofta läraren?
Nein, ich frage ihn nicht oft.	Nej, jag frågar honom inte ofta.
antworten	svara
Antworten Sie, bitte.	Var snäll och svara.
Ich antworte.	Jag svarar.
arbeiten	arbeta
Arbeitet er gerade?	Arbetar han just nu?
Ja, er arbeitet gerade.	Ja, han abetar just nu.
kommen	komma
Kommen Sie?	Kommer ni?
Ja, wir kommen gleich.	Ja, vi kommer snart.
wohnen	bo
Wohnen Sie in Berlin?	Bor ni i Berlin?
Ja, ich wohne in Berlin.	Ja, jag bor i Berlin.

63 [dreiundsechzig]

Fragen stellen 2

63 [sextiotre]

Ställa frågor 2

Ich habe ein Hobby.
Ich spiele Tennis.
Wo ist ein Tennisplatz?

Jag har en hobby.
Jag spelar tennis.
Var finns en tennisbana?

Hast du ein Hobby?
Ich spiele Fußball.
Wo ist ein Fußballplatz?

Har du en hobby?
Jag spelar fotboll.
Var finns en fotbollsplan?

Mein Arm tut weh.
Mein Fuß und meine Hand tun auch weh.
Wo ist ein Doktor?

Min arm gör ont.
Min fot och min hand gör också ont.
Var finns en läkare?

Ich habe ein Auto.
Ich habe auch ein Motorrad.
Wo ist ein Parkplatz?

Jag har en bil.
Jag har också en motorcykel.
Var finns en parkeringsplats?

Ich habe einen Pullover.
Ich habe auch eine Jacke und eine Jeans.
Wo ist die Waschmaschine?

Jag har en pullover.
Jag har också en jacka och ett par jeans.
Var är tvättmaskinen?

Ich habe einen Teller.
Ich habe ein Messer, eine Gabel und einen Löffel.
Wo sind Salz und Pfeffer?

Jag har en tallrik.
Jag har en kniv, en gaffel och en sked.
Var finns salt och peppar?

64 [vierundsechzig]

Verneinung 1

64 [sextiofyra]

Negation 1

Ich verstehe das Wort nicht.
Ich verstehe den Satz nicht.
Ich verstehe die Bedeutung nicht.

Jag förstår inte ordet.
Jag förstår inte meningen.
Jag förstår inte betydelsen.

der Lehrer
Verstehen Sie den Lehrer?
Ja, ich verstehe ihn gut.

Läraren
Förstår ni läraren?
Ja, jag förstår honom bra.

die Lehrerin
Verstehen Sie die Lehrerin?
Ja, ich verstehe sie gut.

Lärarinnan
Förstår ni lärarinnan?
Ja, jag förstår henne bra.

die Leute
Verstehen Sie die Leute?
Nein, ich verstehe sie nicht so gut.

Folk
Förstår ni folk?
Nej, jag förstår dem inte så bra.

die Freundin
Haben Sie eine Freundin?
Ja, ich habe eine.

Väninnan
Har ni en väninna?
Ja, jag har en.

die Tochter
Haben Sie eine Tochter?
Nein, ich habe keine.

Dottern
Har ni en dotter?
Nej, jag har ingen.

65 [fünfundsechzig]

65 [sextiofem]

Verneinung 2

Negation 2

Ist der Ring teuer?
Nein, er kostet nur hundert Euro.
Aber ich habe nur fünfzig.

Är ringen dyr?
Nej, den kostar bara hundra euro.
Men jag har bara femtio.

Bist du schon fertig?
Nein, noch nicht.
Aber gleich bin ich fertig.

Är du redan färdig?
Nej, inte ännu.
Men snart är jag färdig.

Möchtest du noch Suppe?
Nein, ich will keine mehr.
Aber noch ein Eis.

Vill du ha mer soppa?
Nej, jag vill inte ha mer.
Men en glass till.

Wohnst du schon lange hier?
Nein, erst einen Monat.
Aber ich kenne schon viele Leute.

Har du bott här länge?
Nej, bara en månad.
Men jag känner redan mycket folk.

Fährst du morgen nach Hause?
Nein, erst am Wochenende.
Aber ich komme schon am Sonntag zurück.

Åker du hem i morgon?
Nej, först mot veckoslutet.
Men jag kommer tillbaka redan på söndag.

Ist deine Tochter schon erwachsen?
Nein, sie ist erst siebzehn.
Aber sie hat schon einen Freund.

Är din dotter redan vuxen?
Nej, hon är bara sjutton år.
Men hon har redan en pojkvän.

66 [sechsundsechzig]

Possessivpronomen 1

66 [sextiosex]

Possesiva pronomen 1

ich - mein
Ich finde meinen Schlüssel nicht.
Ich finde meine Fahrkarte nicht.

du - dein
Hast du deinen Schlüssel gefunden?
Hast du deine Fahrkarte gefunden?

er - sein
Weißt du, wo sein Schlüssel ist?
Weißt du, wo seine Fahrkarte ist?

sie - ihr
Ihr Geld ist weg.
Und ihre Kreditkarte ist auch weg.

wir - unser
Unser Opa ist krank.
Unsere Oma ist gesund.

ihr - euer
Kinder, wo ist euer Vati?
Kinder, wo ist eure Mutti?

jag - min
Jag hittar inte min nyckel.
Jag hittar inte min biljett.

du - din
Har du hittat din nyckel?
Har du hittat din biljett?

han - sin
Vet du, var hans nyckel är?
Vet du, var hans biljett är?

hon - hennes
Hennes pengar är borta.
Och hennes kontokort är också borta.

vi - vår
Vår morfar/farfar är sjuk.
Vår mormor/farmor är frisk.

ni - er
Barn, var är er pappa?
Barn, var är er mamma?

67 [siebenundsechzig] | 67 [sextiosju]

Possessivpronomen 2 | Possesiva pronomen 2

die Brille	Glasögonen
Er hat seine Brille vergessen.	Han har glömt sina glasögon.
Wo hat er denn seine Brille?	Var har han sina glasögon då?
die Uhr	Klockan
Seine Uhr ist kaputt.	Hans klocka är sönder.
Die Uhr hängt an der Wand.	Klockan hänger på väggen.
der Pass	Passet
Er hat seinen Pass verloren.	Han har förlorat sitt pass.
Wo hat er denn seinen Pass?	Var har han sitt pass då?
sie - ihr	de - deras, sina
Die Kinder können ihre Eltern nicht finden.	Barnen kan inte hitta sina föräldrar.
Aber da kommen ja ihre Eltern!	Men där kommer ju deras föräldrar!
Sie - Ihr	Ni - Er
Wie war Ihre Reise, Herr Müller?	Hur var er resa, herr Müller?
Wo ist Ihre Frau, Herr Müller?	Var är er fru, herr Müller?
Sie - Ihr	Ni - Er
Wie war Ihre Reise, Frau Schmidt?	Hur var er resa, fru Schmidt?
Wo ist Ihr Mann, Frau Schmidt?	Var är er man, fru Schmidt?

68 [achtundsechzig]

groß - klein

68 [(sextioåtta]

stor - liten

groß und klein	stor och liten
Der Elefant ist groß.	Elefanten är stor.
Die Maus ist klein.	Musen är liten.
dunkel und hell	Mörk och ljus
Die Nacht ist dunkel.	Natten är mörk.
Der Tag ist hell.	Dagen är ljus.
alt und jung	gammal och ung
Unser Großvater ist sehr alt.	Vår farfar/morfar är mycket gammal.
Vor 70 Jahren war er noch jung.	För 70 år sedan var han ännu ung.
schön und hässlich	vacker och ful
Der Schmetterling ist schön.	Fjärilen är vacker.
Die Spinne ist hässlich.	Spindeln är ful.
dick und dünn	tjock och smal
Eine Frau mit 100 Kilo ist dick.	En kvinna på 100 kg är tjock.
Ein Mann mit 50 Kilo ist dünn.	En man på 50 kg är smal.
teuer und billig	dyr och billig
Das Auto ist teuer.	Bilen är dyr.
Die Zeitung ist billig.	Tidningen är billig.

69 [neununddsechzig] | 69 [sextionio]

brauchen - wollen | behöva - vilja

Ich brauche ein Bett.	Jag behöver en säng.
Ich will schlafen.	Jag vill sova.
Gibt es hier ein Bett?	Finns det en säng här?
Ich brauche eine Lampe.	Jag behöver en lampa.
Ich will lesen.	Jag vill läsa.
Gibt es hier eine Lampe?	Finns det en lampa här?
Ich brauche ein Telefon.	Jag behöver en telefon.
Ich will telefonieren.	Jag vill ringa.
Gibt es hier ein Telefon?	Finns det en telefon här?
Ich brauche eine Kamera.	Jag behöver en kamera.
Ich will fotografieren.	Jag vill fotografera.
Gibt es hier eine Kamera?	Finns det en kamera här?
Ich brauche einen Computer.	Jag behöver en dator.
Ich will eine E-Mail schicken.	Jag vill skicka ett e-mail.
Gibt es hier einen Computer?	Finns det en dator här?
Ich brauche einen Kuli.	Jag behöver en kulspetspenna.
Ich will etwas schreiben.	Jag vill skriva något.
Gibt es hier ein Blatt Papier und einen Kuli?	Finns det ett papper och en kulspetspenna här?

70 [siebzig]

etwas mögen

70 [sjuttio]

Vilja ha något

Möchten Sie rauchen?
Möchten Sie tanzen?
Möchten Sie spazieren gehen?

Vill ni röka?
Vill ni dansa?
Vill ni gå ut och gå?

Ich möchte rauchen.
Möchtest du eine Zigarette?
Er möchte Feuer.

Jag skulle vilja röka.
Vill du ha en cigarett?
Han vill ha eld.

Ich möchte etwas trinken.
Ich möchte etwas essen.
Ich möchte mich etwas ausruhen.

Jag skulle vilja ha något att dricka.
Jag skulle vilja äta något.
Jag skulle vilja vila mig lite.

Ich möchte Sie etwas fragen.
Ich möchte Sie um etwas bitten.
Ich möchte Sie zu etwas einladen.

Jag skulle vilja fråga er något.
Jag skulle vilja be er om något.
Jag skulle vilja bjuda in er på något.

Was möchten Sie bitte?
Möchten Sie einen Kaffee?
Oder möchten Sie lieber einen Tee?

Vad vill ni ha?
Vill ni ha en kaffe?
Eller skulle ni hellre vilja ha en te?

Wir möchten nach Hause fahren.
Möchtet ihr ein Taxi?
Sie möchten telefonieren.

Vi skulle vilja åka hem.
Vill ni ha en taxi?
De vill ringa.

71 [einundsiebzig] | 71 [sjuttioett]

etwas wollen | Vilja något

Was wollt ihr?	Vad vill ni?
Wollt ihr Fußball spielen?	Vill ni spela fotboll?
Wollt ihr Freunde besuchen?	Vill ni besöka vänner?
wollen	vilja
Ich will nicht spät kommen.	Jag vill inte komma för sent.
Ich will nicht hingehen.	Jag vill inte gå dit.
Ich will nach Hause gehen.	Jag vill gå hem.
Ich will zu Hause bleiben.	Jag vill stanna hemma.
Ich will allein sein.	Jag vill vara ensam.
Willst du hier bleiben?	Vill du stanna här?
Willst du hier essen?	Vill du äta här?
Willst du hier schlafen?	Vill du sova här?
Wollen Sie morgen abfahren?	Ska ni åka iväg i morgon?
Wollen Sie bis morgen bleiben?	Vill ni stanna till i morgon?
Wollen Sie die Rechnung erst morgen bezahlen?	Vill ni betala räkningen först i morgon?
Wollt ihr in die Disko?	Vill ni gå på diskotek?
Wollt ihr ins Kino?	Vill ni gå på bio?
Wollt ihr ins Café?	Vill ni gå på kafé?

72 [zweiundsiebzig]	72 [sjuttiotvå]
etwas müssen	Måste något

müssen	måste
Ich muss den Brief verschicken.	Jag måste skicka iväg brevet.
Ich muss das Hotel bezahlen.	Jag måste betala hotellet.
Du musst früh aufstehen.	Du måste gå upp tidigt.
Du musst viel arbeiten.	Du måste arbeta mycket.
Du musst pünktlich sein.	Du måste vara punktlig.
Er muss tanken.	Han måste tanka.
Er muss das Auto reparieren.	Han måste reparera bilen.
Er muss das Auto waschen.	Han måste tvätta bilen.
Sie muss einkaufen.	Hon måste handla.
Sie muss die Wohnung putzen.	Hon måste städa lägenheten.
Sie muss die Wäsche waschen.	Hon måste tvätta tvätten.
Wir müssen gleich zur Schule gehen.	Vi måste snart gå till skolan.
Wir müssen gleich zur Arbeit gehen.	Vi måste snart gå till arbetet.
Wir müssen gleich zum Arzt gehen.	Vi måste snart gå till läkaren.
Ihr müsst auf den Bus warten.	Ni måste vänta på bussen.
Ihr müsst auf den Zug warten.	Ni måste vänta på tåget.
Ihr müsst auf das Taxi warten.	Ni måste vänta på taxin.

73 [dreiundsiebzig]

etwas dürfen

73 [sjuttiotre]

Få något

Darfst du schon Auto fahren?
Darfst du schon Alkohol trinken?
Darfst du schon allein ins Ausland fahren?

Får du redan köra bil?
Får du redan dricka alkohol?
Får du redan åka ensam utomlands?

dürfen
Dürfen wir hier rauchen?
Darf man hier rauchen?

få
Får vi röka här?
Får man röka här?

Darf man mit Kreditkarte bezahlen?
Darf man mit Scheck bezahlen?
Darf man nur bar bezahlen?

Får man betala med kontokort?
Får man betala med check?
Får man bara betala kontant?

Darf ich mal eben telefonieren?
Darf ich mal eben etwas fragen?
Darf ich mal eben etwas sagen?

Kan jag få ringa här?
Får jag bara fråga om något?
Får jag bara säga något?

Er darf nicht im Park schlafen.
Er darf nicht im Auto schlafen.
Er darf nicht im Bahnhof schlafen.

Han får inte sova i parken.
Han får inte sova i bilen.
Han får inte sova på stationen.

Dürfen wir Platz nehmen?
Dürfen wir die Speisekarte haben?
Dürfen wir getrennt zahlen?

Får vi ta plats?
Kan vi få menyn?
Får vi betala var för sig?

74 [vierundsiebzig]

um etwas bitten

74 [sjuttiofyra]

Be om något

Können Sie mir die Haare schneiden?	Kan ni klippa mitt hår?
Nicht zu kurz, bitte.	Inte för kort, tack.
Etwas kürzer, bitte.	Litet kortare, tack.
Können Sie die Bilder entwickeln?	Kan ni framkalla bilderna?
Die Fotos sind auf der CD.	Fotona är på cd:n.
Die Fotos sind in der Kamera.	Fotona är i kameran.
Können Sie die Uhr reparieren?	Kan ni reparera klockan?
Das Glas ist kaputt.	Glaset är sönder.
Die Batterie ist leer.	Batteriet är slut.
Können Sie das Hemd bügeln?	Kan ni stryka skjortan?
Können Sie die Hose reinigen?	Kan ni göra rent byxorna?
Können Sie die Schuhe reparieren?	Kan ni reparera skorna?
Können Sie mir Feuer geben?	Kan ni ge mig eld?
Haben Sie Streichhölzer oder ein Feuerzeug?	Har ni tändstickor eller en tändare?
Haben Sie einen Aschenbecher?	Har ni en askkopp?
Rauchen Sie Zigarren?	Röker ni cigarr?
Rauchen Sie Zigaretten?	Röker ni cigaretter?
Rauchen Sie Pfeife?	Röker ni pipa?

75 [fünfundsiebzig]

etwas begründen 1

75 [sjuttiofem]

motivera något 1

Warum kommen Sie nicht?
Das Wetter ist so schlecht.
Ich komme nicht, weil das Wetter so schlecht ist.

Varför kommer ni inte?
Vädret är så dåligt.
Jag kommer inte, eftersom vädret är så dåligt.

Warum kommt er nicht?
Er ist nicht eingeladen.
Er kommt nicht, weil er nicht eingeladen ist.

Varför kommer han inte?
Han är inte inbjuden.
Han kommer inte, eftersom han inte är bjuden.

Warum kommst du nicht?
Ich habe keine Zeit.
Ich komme nicht, weil ich keine Zeit habe.

Varför kommer du inte?
Jag har inte tid.
Jag kommer inte, eftersom jag inte har tid.

Warum bleibst du nicht?
Ich muss noch arbeiten.
Ich bleibe nicht, weil ich noch arbeiten muss.

Varför stannar du inte?
Jag måste arbeta.
Jag stannar inte, eftersom jag måste arbeta.

Warum gehen Sie schon?
Ich bin müde.
Ich gehe, weil ich müde bin.

Varför går ni redan?
Jag är trött.
Jag går, eftersom jag är trött.

Warum fahren Sie schon?
Es ist schon spät.
Ich fahre, weil es schon spät ist.

Varför åker ni redan?
Det är redan sent.
Jag åker, för att det redan är sent.

76 [sechsundsiebzig]

etwas begründen 2

76 [sjuttiosex]

motivera något 2

Warum bist du nicht gekommen?
Ich war krank.
Ich bin nicht gekommen, weil ich krank war.

Varför kom du inte?
Jag var sjuk.
Jag kom inte, för jag var sjuk.

Warum ist sie nicht gekommen?
Sie war müde.
Sie ist nicht gekommen, weil sie müde war.

Varför kom hon inte?
Hon var trött.
Hon kom inte, för hon var trött.

Warum ist er nicht gekommen?
Er hatte keine Lust.
Er ist nicht gekommen, weil er keine Lust hatte.

Varför kom han inte?
Han hade ingen lust.
Han kom inte, eftersom han inte hade lust.

Warum seid ihr nicht gekommen?
Unser Auto ist kaputt.
Wir sind nicht gekommen, weil unser Auto kaputt ist.

Varför kom ni inte?
Vår bil är trasig.
Vi kom inte, eftersom vår bil är trasig.

Warum sind die Leute nicht gekommen?
Sie haben den Zug verpasst.
Sie sind nicht gekommen, weil sie den Zug verpasst haben.

Varför kom inte människorna?
De missade tåget.
De kom inte, för de missade tåget.

Warum bist du nicht gekommen?
Ich durfte nicht.
Ich bin nicht gekommen, weil ich nicht durfte.

Varför kom du inte?
Jag fick inte.
Jag kom inte, för att jag inte fick.

77 [siebenundsiebzig]

etwas begründen 3

77 [sjuttiosju]

motivera något 3

Warum essen Sie die Torte nicht?
Ich muss abnehmen.
Ich esse sie nicht, weil ich abnehmen muss.

Varför äter ni inte tårtan?
Jag måste banta.
Jag äter den inte, för att jag måsta banta.

Warum trinken Sie das Bier nicht?
Ich muss noch fahren.
Ich trinke es nicht, weil ich noch fahren muss.

Varför dricker ni inte ölet?
Jag måste köra.
Jag dricker det inte, för att jag måste köra.

Warum trinkst du den Kaffee nicht?
Er ist kalt.
Ich trinke ihn nicht, weil er kalt ist.

Varför dricker du inte kaffet?
Det är kallt.
Jag dricker det inte, eftersom det är kallt.

Warum trinkst du den Tee nicht?
Ich habe keinen Zucker.
Ich trinke ihn nicht, weil ich keinen Zucker habe.

Varför dricker du inte teet?
Jag har inget socker.
Jag dricker det inte, för att jag inte har något socker.

Warum essen Sie die Suppe nicht?
Ich habe sie nicht bestellt.
Ich esse sie nicht, weil ich sie nicht bestellt habe.

Varför äter ni inte soppan?
Jag har inte beställt den.
Jag äter den inte, eftersom jag inte har beställt den.

Warum essen Sie das Fleisch nicht?
Ich bin Vegetarier.
Ich esse es nicht, weil ich Vegetarier bin.

Varför äter ni inte köttet?
Jag är vegetarian.
Jag äter det inte, eftersom jag är vegetarian.

78 [achtundsiebzig]

Adjektive 1

78 [sjuttioåtta]

Adjektiv 1

eine alte Frau	en gammal kvinna
eine dicke Frau	en tjock kvinna
eine neugierige Frau	en nyfiken kvinna
ein neuer Wagen	en ny bil
ein schneller Wagen	en snabb bil
ein bequemer Wagen	en bekväm bil
ein blaues Kleid	en blå klänning
ein rotes Kleid	en röd klänning
ein grünes Kleid	en grön klänning
eine schwarze Tasche	en svart väska
eine braune Tasche	en brun väska
eine weiße Tasche	en vit väska
nette Leute	trevliga människor
höfliche Leute	artiga människor
interessante Leute	intressanta människor
liebe Kinder	trevliga barn
freche Kinder	elaka barn
brave Kinder	snälla barn

79 [neunundsiebzig]

Adjektive 2

Ich habe ein blaues Kleid an.
Ich habe ein rotes Kleid an.
Ich habe ein grünes Kleid an.

Ich kaufe eine schwarze Tasche.
Ich kaufe eine braune Tasche.
Ich kaufe eine weiße Tasche.

Ich brauche einen neuen Wagen.
Ich brauche einen schnellen Wagen.
Ich brauche einen bequemen Wagen.

Da oben wohnt eine alte Frau.
Da oben wohnt eine dicke Frau.
Da unten wohnt eine neugierige Frau.

Unsere Gäste waren nette Leute.
Unsere Gäste waren höfliche Leute.
Unsere Gäste waren interessante Leute.

Ich habe liebe Kinder.
Aber die Nachbarn haben freche Kinder.
Sind Ihre Kinder brav?

79 [sjuttionio]

Adjektiv 2

Jag har en blå klänning på mig.
Jag har en röd klänning på mig.
Jag har en grön klänning på mig.

Jag köper en svart väska.
Jag köper en brun väska.
Jag köper en vit väska.

Jag behöver en ny bil.
Jag behöver en snabb bil.
Jag behöver en bevām bil.

Där uppe bor en gammal dam.
Där uppe bor en tjock dam.
Där nere bor en nyfiken dam.

Våra gäster var trevliga människor.
Våra gäster var artiga människor.
Våra gäster var intressanta människor.

Jag har snälla barn.
Men våra grannar har elaka barn.
Är era barn väluppfostrade?

80 [achtzig]

Adjektive 3

Sie hat einen Hund.
Der Hund ist groß.
Sie hat einen großen Hund.

Sie hat ein Haus.
Das Haus ist klein.
Sie hat ein kleines Haus.

Er wohnt in einem Hotel.
Das Hotel ist billig.
Er wohnt in einem billigen Hotel.

Er hat ein Auto.
Das Auto ist teuer.
Er hat ein teures Auto.

Er liest einen Roman.
Der Roman ist langweilig.
Er liest einen langweiligen Roman.

Sie sieht einen Film.
Der Film ist spannend.
Sie sieht einen spannenden Film.

80 [åttio]

Adjektiv 3

Hon har en hund.
Hunden är stor.
Hon har en stor hund.

Hon har ett hus.
Huset är litet.
Hon har ett litet hus.

Han bor på ett hotell.
Hotellet är billigt.
Han bor på ett billigt hotell.

Han har en bil.
Bilen är dyr.
Han har en dyr bil.

Han läser en roman.
Romanen är långtråkig.
Han läser en långtråkig roman.

Hon ser en film.
Filmen är spännande.
Hon ser en spännande film.

81 [einundachtzig]

Vergangenheit 1

81 [åttoiett]

Förfluten tid 1

schreiben	skriva
Er schrieb einen Brief.	Han skrev ett brev.
Und sie schrieb eine Karte.	Och hon skrev ett kort.
lesen	läsa
Er las eine Illustrierte.	Han läste en veckotidning.
Und sie las ein Buch.	Och hon läste en bok.
nehmen	ta
Er nahm eine Zigarette.	Han tog en cigarett.
Sie nahm ein Stück Schokolade.	Hon tog en bit choklad.
Er war untreu, aber sie war treu.	Han var otrogen, men hon var trogen.
Er war faul, aber sie war fleißig.	Han var lat, men hon var flitig.
Er war arm, aber sie war reich.	Han var fattig, men hon var rik.
Er hatte kein Geld, sondern Schulden.	Han hade inga pengar, utan skulder.
Er hatte kein Glück, sondern Pech.	Han hade inte tur, utan otur.
Er hatte keinen Erfolg, sondern Misserfolg.	Han hade ingen framgång, utan motgång.
Er war nicht zufrieden, sondern unzufrieden.	Han var inte nöjd, utan missnöjd.
Er war nicht glücklich, sondern unglücklich.	Han var inte lycklig, utan olycklig.
Er war nicht sympathisch, sondern unsympathisch.	Han var inte sympatisk, utan osympatisk.

82 [zweiundachtzig]

Vergangenheit 2

82 [åttiotvå]

Förfluten tid 2

Musstest du einen Krankenwagen rufen?	Var du tvungen att ringa på en ambulans?
Musstest du den Arzt rufen?	Var du tvungen att ringa efter en läkare?
Musstest du die Polizei rufen?	Var du tvungen att ringa på polisen?
Haben Sie die Telefonnummer? Gerade hatte ich sie noch.	Har ni telefonnumret? Jag hade det nyss.
Haben Sie die Adresse? Gerade hatte ich sie noch.	Har ni adressen? Jag hade den nyss.
Haben Sie den Stadtplan? Gerade hatte ich ihn noch.	Har ni stadskartan? Jag hade den nyss.
Kam er pünktlich? Er konnte nicht pünktlich kommen.	Kom han punktligt? Han kunde inte vara punktlig.
Fand er den Weg? Er konnte den Weg nicht finden.	Hittade han vägen? Han kunde inte hitta vägen.
Verstand er dich? Er konnte mich nicht verstehen.	Förstod han dig? Han kunde inte förstå mig.
Warum konntest du nicht pünktlich kommen?	Varför kunde du inte vara punktlig?
Warum konntest du den Weg nicht finden?	Varför kunde du inte hitta vägen?
Warum konntest du ihn nicht verstehen?	Varför kunde du inte förstå honom?
Ich konnte nicht pünktlich kommen, weil kein Bus fuhr.	Jag kunde inte komma punktligt, eftersom det inte gick någon buss.
Ich konnte den Weg nicht finden, weil ich keinen Stadtplan hatte.	Jag kunde inte hitta vägen, eftersom jag inte hade någon stadskarta.
Ich konnte ihn nicht verstehen, weil die Musik so laut war.	Jag kunde inte förstå honom, eftersom musiken var så högljudd.
Ich musste ein Taxi nehmen.	Jag var tvungen att ta en taxi.
Ich musste einen Stadtplan kaufen.	Jag var tvungen att köpa en stadskarta.
Ich musste das Radio ausschalten.	Jag var tvungen att stänga av radion.

83 [dreiundachtzig]

83 [åttiotre]

Vergangenheit 3

Förfluten tid 3

telefonieren	ringa
Ich habe telefoniert.	Jag har ringt.
Ich habe die ganze Zeit telefoniert.	Jag har ringt hela tiden.
fragen	fråga
Ich habe gefragt.	Jag har frågat.
Ich habe immer gefragt.	Jag har alltid frågat.
erzählen	berätta
Ich habe erzählt.	Jag har berättat.
Ich habe die ganze Geschichte erzählt.	Jag har berättat hela historien.
lernen	studera
Ich habe gelernt.	Jag har studerat.
Ich habe den ganzen Abend gelernt.	Jag har studerat hela kvällen.
arbeiten	arbeta
Ich habe gearbeitet.	Jag har arbetat.
Ich habe den ganzen Tag gearbeitet.	Jag har arbetat hela dagen.
essen	äta
Ich habe gegessen.	Jag har ätit.
Ich habe das ganze Essen gegessen.	Jag har ätit upp hela maten.

84 [vierundachtzig]

Vergangenheit 4

84 [åttiofyra]

Förfluten tid 4

lesen	läsa
Ich habe gelesen.	Jag har läst.
Ich habe den ganzen Roman gelesen.	Jag har läst hela romanen.
verstehen	förstå
Ich habe verstanden.	Jag har förstått.
Ich habe den ganzen Text verstanden.	Jag har förstått hela texten.
antworten	svara
Ich habe geantwortet.	Jag har svarat.
Ich habe auf alle Fragen geantwortet.	Jag har svarat på alla frågorna.
Ich weiß das - ich habe das gewusst.	Jag vet det - jag har vetat det.
Ich schreibe das - ich habe das geschrieben.	Jag skriver det - jag har skrivit det.
Ich höre das - ich habe das gehört.	Jag hör det - jag har hört det.
Ich hole das - ich habe das geholt.	Jag hämtar det - jag har hämtat det.
Ich bringe das - ich habe das gebracht.	Jag tar med det- jag har tagit med det.
Ich kaufe das - ich habe das gekauft.	Jag köper det - jag har köpt det.
Ich erwarte das - ich habe das erwartet.	Jag förväntar mig det - det har jag förväntat mig.
Ich erkläre das - ich habe das erklärt.	Jag förklarar det - det har jag förklarat.
Ich kenne das - ich habe das gekannt.	Jag känner det - jag har känt det.

85 [fünfundachtzig]

Fragen - Vergangenheit 1

85 [åttiofem]

Fråga - förfluten tid 1

Wie viel haben Sie getrunken?
Wie viel haben Sie gearbeitet?
Wie viel haben Sie geschrieben?

Wie haben Sie geschlafen?
Wie haben Sie die Prüfung bestanden?
Wie haben Sie den Weg gefunden?

Mit wem haben Sie gesprochen?
Mit wem haben Sie sich verabredet?
Mit wem haben Sie Geburtstag gefeiert?

Wo sind Sie gewesen?
Wo haben Sie gewohnt?
Wo haben Sie gearbeitet?

Was haben Sie empfohlen?
Was haben Sie gegessen?
Was haben Sie erfahren?

Wie schnell sind Sie gefahren?
Wie lange sind Sie geflogen?
Wie hoch sind Sie gesprungen?

Hur mycket har ni druckit?
Hur mycket har ni arbetat?
Hur mycket har ni skrivit?

Hur har ni sovit?
Hur har ni klarat provet ?
Hur har ni hittat vägen?

Med vem har ni talat?
Vem har ni stämt träff med?
Vem har ni firat födelsedag med?

Var har ni varit?
Var har ni bott?
Var har ni arbetat?

Vad har ni rekommenderat?
Vad har ni ätit?
Vad har ni fått reda på?

Hur fort har ni kört?
Hur länge har ni flugit?
Hur högt har ni hoppat?

86 [sechsundachtzig]

Fragen - Vergangenheit 2

86 [åttiosex]

Fråga - förfluten tid 2

Welche Krawatte hast du getragen?	Vilken slips hade du på dig?
Welches Auto hast du gekauft?	Vilken bil har du köpt?
Welche Zeitung hast du abonniert?	Vilken tidning har du prenumererat på?
Wen haben Sie gesehen?	Vem har du sett?
Wen haben Sie getroffen?	Vem har du träffat?
Wen haben Sie erkannt?	Vem har du känt igen?
Wann sind Sie aufgestanden?	När har ni gått upp?
Wann haben Sie begonnen?	När har ni börjat?
Wann haben Sie aufgehört?	När har ni slutat?
Warum sind Sie aufgewacht?	Varför har ni vaknat?
Warum sind Sie Lehrer geworden?	Varför blev ni lärare?
Warum haben Sie ein Taxi genommen?	Varför har ni tagit en taxi?
Woher sind Sie gekommen?	Vart kommer ni ifrån?
Wohin sind Sie gegangen?	Vart har ni gått?
Wo sind Sie gewesen?	Var har ni varit?
Wem hast du geholfen?	Vem har du hjälpt?
Wem hast du geschrieben?	Vem har du skrivit till?
Wem hast du geantwortet?	Vem har du svarat?

87 [siebenundachtzig]

Vergangenheit der Modalverben 1

87 [åttiosju]

Förfluten tid av modala hjälpverb 1

Wir mussten die Blumen gießen.	Vi var tvungna att vattna blommorna.
Wir mussten die Wohnung aufräumen.	Vi var tvungna att städa lägenheten.
Wir mussten das Geschirr spülen.	Vi var tvungna att diska.
Musstet ihr die Rechnung bezahlen?	Var ni tvungna att betala räkningen?
Musstet ihr Eintritt bezahlen?	Var ni tvungna betala inträde?
Musstet ihr eine Strafe bezahlen?	Var ni tvungna att betala böter?
Wer musste sich verabschieden?	Vem måste ta avsked?
Wer musste früh nach Hause gehen?	Vem måste gå hem tidigt?
Wer musste den Zug nehmen?	Vem måste ta tåget?
Wir wollten nicht lange bleiben.	Vi ville inte stanna länge.
Wir wollten nichts trinken.	Vi ville inte dricka något.
Wir wollten nicht stören.	Vi ville inte störa.
Ich wollte eben telefonieren.	Jag ville just ringa.
Ich wollte ein Taxi bestellen.	Jag ville beställa en taxi.
Ich wollte nämlich nach Haus fahren.	Jag ville nämligen åka hem.
Ich dachte, du wolltest deine Frau anrufen.	Jag tänkte att du ville ringa till din fru.
Ich dachte, du wolltest die Auskunft anrufen.	Jag trodde att du ville ringa upplysningen.
Ich dachte, du wolltest eine Pizza bestellen.	Jag trodde att du ville beställa en pizza.

88 [achtundachtzig]

Vergangenheit der Modalverben 2

Mein Sohn wollte nicht mit der Puppe spielen.
Meine Tochter wollte nicht Fußball spielen.
Meine Frau wollte nicht mit mir Schach spielen.

Meine Kinder wollten keinen Spaziergang machen.
Sie wollten nicht das Zimmer aufräumen.
Sie wollten nicht ins Bett gehen.

Er durfte kein Eis essen.
Er durfte keine Schokolade essen.
Er durfte keine Bonbons essen.

Ich durfte mir etwas wünschen.
Ich durfte mir ein Kleid kaufen.
Ich durfte mir eine Praline nehmen.

Durftest du im Flugzeug rauchen?
Durftest du im Krankenhaus Bier trinken?
Durftest du den Hund ins Hotel mitnehmen?

In den Ferien durften die Kinder lange draußen bleiben.
Sie durften lange im Hof spielen.
Sie durften lange aufbleiben.

88 [åttioåtta]

Förfluten tid av modala hjälpverb 2

Min son ville inte leka med dockan.
Min dotter ville inte spela fotboll.
Min fru ville inte spela schack med mig.

Mina barn ville inte ta en promenad.
De ville inte städa rummet.
De ville inte gå i säng.

Han fick inte äta glass.
Han fick inte äta choklad.
Han fick inte äta godis.

Jag fick önska mig något.
Jag fick köpa mig en klänning.
Jag fick ta en pralin.

Fick du röka i flygplanet?
Fick du dricka öl på sjukhuset?
Fick du ta med hunden på hotellet?

På sommarlovet fick barnen vara ute länge.
De fick leka länge på gården.
De fick stanna uppe länge.

89 [neunundachtzig]

Imperativ 1

89 [åttionio]

Imperativ 1

Du bist so faul - sei doch nicht so faul!
Du schläfst so lang - schlaf doch nicht so lang!
Du kommst so spät - komm doch nicht so spät!

Du är så lat - var inte så lat!
Du sover så länge - sov inte så länge!
Du kommer så sent - kom inte så sent!

Du lachst so laut - lach doch nicht so laut!
Du sprichst so leise - sprich doch nicht so leise!
Du trinkst zu viel - trink doch nicht so viel!

Du skrattar så högt - skratta inte så högt!
Du talar så tyst - tala inte så tyst!
Du dricker för mycket - drick inte så mycket!

Du rauchst zu viel - rauch doch nicht so viel!
Du arbeitest zu viel - arbeite doch nicht so viel!
Du fährst so schnell - fahr doch nicht so schnell!

Du röker för mycket - rök inte så mycket!
Du arbetar för mycket - arbeta inte så mycket!
Du kör för fort - kör inte så fort!

Stehen Sie auf, Herr Müller!
Setzen Sie sich, Herr Müller!
Bleiben Sie sitzen, Herr Müller!

Stå upp, herr Müller!
Sitt ner, herr Müller!
Sitt kvar, herr Müller!

Haben Sie Geduld!
Nehmen Sie sich Zeit!
Warten Sie einen Moment!

Ha tålamod!
Ta er tid!
Vänta ett ögonblick!

Seien Sie vorsichtig!
Seien Sie pünktlich!
Seien Sie nicht dumm!

Var försiktig!
Var punktlig!
Var inte dum!

90 [neunzig]	90 [nittio]
Imperativ 2	Imperativ 2

Rasier dich!	Raka dig!
Wasch dich!	Tvätta dig!
Kämm dich!	Kamma dig!
Ruf an! Rufen Sie an!	Ring!
Fang an! Fangen Sie an!	Börja!
Hör auf! Hören Sie auf!	Sluta!
Lass das! Lassen Sie das!	Låt bli det!
Sag das! Sagen Sie das!	Säg det!
Kauf das! Kaufen Sie das!	Köp det!
Sei nie unehrlich!	Var aldrig oärlig!
Sei nie frech!	Var aldrig otrevlig!
Sei nie unhöflich!	Var aldrig oartig!
Sei immer ehrlich!	Var alltid ärlig!
Sei immer nett!	Var alltid trevlig!
Sei immer höflich!	Var alltid artig!
Kommen Sie gut nach Haus!	Hoppas hemresan går bra!
Passen Sie gut auf sich auf!	Var rädda om er!
Besuchen Sie uns bald wieder!	Kom snart och hälsa på oss igen!

91 [einundneunzig]

Nebensätze mit dass 1

91 [nittioett]

Bisatser med att 1

Das Wetter wird vielleicht morgen besser.	Vädret blir kanske bättre i morgon.
Woher wissen Sie das?	Hur vet ni det ?
Ich hoffe, dass es besser wird.	Jag hoppas, att det blir bättre.
Er kommt ganz bestimmt.	Han kommer alldeles säkert.
Ist das sicher?	Är det säkert?
Ich weiß, dass er kommt.	Jag vet, att han kommer.
Er ruft bestimmt an.	Han ringer säkert.
Wirklich?	Verkligen?
Ich glaube, dass er anruft.	Jag tror, att han ringer.
Der Wein ist sicher alt.	Vinet är säkert gammalt.
Wissen Sie das genau?	Vet ni det säkert?
Ich vermute, dass er alt ist.	Jag antar, att det är gammalt.
Unser Chef sieht gut aus.	Vår chef ser bra ut.
Finden Sie?	Tycker ni?
Ich finde, dass er sogar sehr gut aussieht.	Jag tycker till och med, att han ser mycket bra ut.
Der Chef hat bestimmt eine Freundin.	Chefen har säkert en vännina.
Glauben Sie wirklich?	Tror ni det verkligen?
Es ist gut möglich, dass er eine Freundin hat.	Det är mycket möjligt, att han har en väninna.

92 [zweiundneunzig]

Nebensätze mit dass 2

Es ärgert mich, dass du schnarchst.
Es ärgert mich, dass du so viel Bier trinkst.
Es ärgert mich, dass du so spät kommst.

Ich glaube, dass er einen Arzt braucht.
Ich glaube, dass er krank ist.
Ich glaube, dass er jetzt schläft.

Wir hoffen, dass er unsere Tochter heiratet.
Wir hoffen, dass er viel Geld hat.
Wir hoffen, dass er Millionär ist.

Ich habe gehört, dass deine Frau einen Unfall hatte.
Ich habe gehört, dass sie im Krankenhaus liegt.
Ich habe gehört, dass dein Auto total kaputt ist.

Es freut mich, dass Sie gekommen sind.
Es freut mich, dass Sie Interesse haben.
Es freut mich, dass Sie das Haus kaufen wollen.

Ich fürchte, dass der letzte Bus schon weg ist.
Ich fürchte, dass wir ein Taxi nehmen müssen.
Ich fürchte, dass ich kein Geld bei mir habe.

92 [nittiotvå]

Bisatser med att 2

Det irriterar mig, att du snarkar.
Det irriterar mig, att du dricker så mycket öl.
Det irriterar mig, att du kommer så sent.

Jag tror, att han behöver en läkare.
Jag tror, att han är sjuk.
Jag tror, att han sover nu.

Vi hoppas, att han gifter sig med vår dotter.
Vi hoppas, att han har mycket pengar.
Vi hoppas, att han är miljonär.

Jag har hört, att din fru var med om en olycka.
Jag har hört, att hon ligger på sjukhuset.
Jag har hört, att din bil är helt sönder.

Jag är glad, att ni kom.
Det gläder mig, att ni visar intresse.
Det gläder mig, att ni vill köpa huset.

Jag är rädd, att den sista bussen redan har åkt.
Jag är rädd, att vi måste ta en taxi.
Jag är rädd, att jag inte har några pengar på mig.

93 [dreiundneunzig]

Nebensätze mit ob

93 [nittiotre]

Bisatser med om

Ich weiß nicht, ob er mich liebt.	Jag vet inte, om han älskar mig.
Ich weiß nicht, ob er zurückkommt.	Jag vet inte, om han kommer tillbaka.
Ich weiß nicht, ob er mich anruft.	Jag vet inte, om han ringer mig.
Ob er mich wohl liebt?	Om han älskar mig?
Ob er wohl zurückkommt?	Om han kommer tillbaka?
Ob er mich wohl anruft?	Om han ringer mig?
Ich frage mich, ob er an mich denkt.	Jag frågar mig, om han tänker på mig.
Ich frage mich, ob er eine andere hat.	Jag frågar mig, om han har en annan.
Ich frage mich, ob er lügt.	Jag undrar, om han ljuger.
Ob er wohl an mich denkt?	Om han tänker på mig?
Ob er wohl eine andere hat?	Om han har en annan?
Ob er wohl die Wahrheit sagt?	Om han säger sanningen?
Ich zweifele, ob er mich wirklich mag.	Jag tvivlar på, att han verkligen tycker om mig.
Ich zweifele, ob er mir schreibt.	Jag tvivlar på, att han skriver till mig.
Ich zweifele, ob er mich heiratet.	Jag tvivlar på, att han vill gifta sig med mig.
Ob er mich wohl wirklich mag?	Om han verkligen tycker om mig?
Ob er mir wohl schreibt?	Om han skriver till mig?
Ob er mich wohl heiratet?	Om han gifter sig med mig?

94 [vierundneunzig]

Konjunktionen 1

94 [nittiofyra]

Konjunktioner 1

Warte, bis der Regen aufhört.	Vänta, tills det slutar regna.
Warte, bis ich fertig bin.	Vänta, tills jag är färdig.
Warte, bis er zurückkommt.	Vänta, tills han kommer tillbaka.
Ich warte, bis meine Haare trocken sind.	Jag väntar tills mitt hår är torrt.
Ich warte, bis der Film zu Ende ist.	Jag väntar tills filmen är slut.
Ich warte, bis die Ampel grün ist.	Jag väntar tills trafikljuset blir grönt.
Wann fährst du in Urlaub?	När åker du på semester?
Noch vor den Sommerferien?	Innan sommarlovet?
Ja, noch bevor die Sommerferien beginnen.	Ja, innan sommarlovet börjar.
Reparier das Dach, bevor der Winter beginnt.	Reparera taket, innan vintern börjar.
Wasch deine Hände, bevor du dich an den Tisch setzt.	Tvätta händerna, innan du sätter dig till bords.
Schließ das Fenster, bevor du rausgehst.	Stäng fönstret, innan du går ut.
Wann kommst du nach Hause?	När kommer du hem?
Nach dem Unterricht?	Efter lektionen?
Ja, nachdem der Unterricht aus ist.	Ja, efter det att lektionen är slut.
Nachdem er einen Unfall hatte, konnte er nicht mehr arbeiten.	Efter olyckan, kunde han inte arbeta längre.
Nachdem er die Arbeit verloren hatte, ist er nach Amerika gegangen.	Efter det att han förlorat sitt arbete, åkte han till Amerika.
Nachdem er nach Amerika gegangen war, ist er reich geworden.	Efter det att han åkt till Amerika, blev han rik.

95 [fünfundneunzig] | 95 [nittiofem]

Konjunktionen 2 | Konjunktioner 2

Seit wann arbeitet sie nicht mehr?	Sen när arbetar hon inte längre?
Seit ihrer Heirat?	Sedan hon gift sig?
Ja, sie arbeitet nicht mehr, seitdem sie geheiratet hat.	Ja, hon arbetar inte längre, sedan hon gift sig.
Seitdem sie geheiratet hat, arbeitet sie nicht mehr.	Sedan hon gift sig, arbetar hon inte längre.
Seitdem sie sich kennen, sind sie glücklich.	Sedan de träffades, är de lyckliga.
Seitdem sie Kinder haben, gehen sie selten aus.	Sedan de har fått barn, går de sällan ut.
Wann telefoniert sie?	När ringer hon?
Während der Fahrt?	Medan hon kör?
Ja, während sie Auto fährt.	Ja, medan hon kör bil.
Sie telefoniert, während sie Auto fährt.	Hon ringer, medan hon kör bil.
Sie sieht fern, während sie bügelt.	Hon ser på TV, medan hon stryker.
Sie hört Musik, während sie ihre Aufgaben macht.	Hon hör på musik, medan hon gör sina läxor.
Ich sehe nichts, wenn ich keine Brille habe.	Jag ser inget, när jag inte har några glasögon.
Ich verstehe nichts, wenn die Musik so laut ist.	Jag förstår inget, när musiken är så högljudd.
Ich rieche nichts, wenn ich Schnupfen habe.	Jag känner inga lukter, när jag är snuvig.
Wir nehmen ein Taxi, wenn es regnet.	Vi tar en taxi, när det regnar.
Wir reisen um die Welt, wenn wir im Lotto gewinnen.	Vi reser jorden runt, om vi vinner på lotto.
Wir fangen mit dem Essen an, wenn er nicht bald kommt.	Vi börjar med maten, om han inte kommer snart.

96 [sechsundneunzig]

Konjunktionen 3

96 [nittiosex]

Konjunktioner 3

Ich stehe auf, sobald der Wecker klingelt.	Jag går upp, så snart väckarklockan ringer.
Ich werde müde, sobald ich lernen soll.	Jag blir trött, så fort jag ska lära mig något.
Ich höre auf zu arbeiten, sobald ich 60 bin.	Jag slutar arbeta, så snart jag blivit 60.
Wann rufen Sie an?	När ringer ni?
Sobald ich einen Moment Zeit habe.	Så snart jag har litet tid.
Er ruft an, sobald er etwas Zeit hat.	Han ringer, så snart han har lite tid.
Wie lange werden Sie arbeiten?	Hur länge kommer ni att arbeta?
Ich werde arbeiten, solange ich kann.	Jag kommer att arbeta, så länge jag kan.
Ich werde arbeiten, solange ich gesund bin.	Jag kommer att arbeta, så länge jag är frisk.
Er liegt im Bett, anstatt dass er arbeitet.	Han ligger i sängen, istället för att arbeta.
Sie liest die Zeitung, anstatt dass sie kocht.	Hon läser tidningen, istället för att laga mat.
Er sitzt in der Kneipe, anstatt dass er nach Hause geht.	Han sitter på krogen, istället för att gå hem.
Soweit ich weiß, wohnt er hier.	Såvitt jag vet, bor han här.
Soweit ich weiß, ist seine Frau krank.	Såvitt jag vet, är hans fru sjuk.
Soweit ich weiß, ist er arbeitslos.	Såvitt jag vet, är han arbetslös.
Ich hatte verschlafen, sonst wäre ich pünktlich gewesen.	Jag hade försovit mig, annars skulle jag ha varit punktlig.
Ich hatte den Bus verpasst, sonst wäre ich pünktlich gewesen.	Jag missade bussen, annars skulle jag ha varit punktlig.
Ich hatte den Weg nicht gefunden, sonst wäre ich pünktlich gewesen.	Jag hittade inte vägen, annars skulle jag ha varit punktlig.

97 [siebenundneunzig] | 97 [nittiosju]

Konjunktionen 4 | Konjunktioner 4

Er ist eingeschlafen, obwohl der Fernseher an war.	Han somnade, fast TV-apparaten var på.
Er ist noch geblieben, obwohl es schon spät war.	Han stannade kvar, fast det redan var sent.
Er ist nicht gekommen, obwohl wir uns verabredet hatten.	Han kom inte, fast vi hade gjort upp en tid.
Der Fernseher war an. Trotzdem ist er eingeschlafen.	TV-apparaten var på. Trots det hade han somnat.
Es war schon spät. Trotzdem ist er noch geblieben.	Det var redan sent. Trots det hade han stannat kvar.
Wir hatten uns verabredet. Trotzdem ist er nicht gekommen.	Vi hade gjort upp en tid. Trots det kom han inte.
Obwohl er keinen Führerschein hat, fährt er Auto.	Trots att han inte har körkort, kör han bil.
Obwohl die Straße glatt ist, fährt er schnell.	Trots att det är halt, kör han fort.
Obwohl er betrunken ist, fährt er mit dem Rad.	Trots att han är berusad, cyklar han.
Er hat keinen Führerschein. Trotzdem fährt er Auto.	Han har inget körkort. Trots det kör han bil.
Die Straße ist glatt. Trotzdem fährt er so schnell.	Det är halkigt. Trots det kör han så fort.
Er ist betrunken. Trotzdem fährt er mit dem Rad.	Han är berusad. Trots det cyklar han.
Sie findet keine Stelle, obwohl sie studiert hat.	Hon hittar inget arbete, trots att hon har studerat.
Sie geht nicht zum Arzt, obwohl sie Schmerzen hat.	Hon går inte till läkaren, trots att hon har ont.
Sie kauft ein Auto, obwohl sie kein Geld hat.	Hon köper en bil, trots att hon inte har några pengar.
Sie hat studiert. Trotzdem findet sie keine Stelle.	Hon har studerat. Trots det hittar hon inget arbete.
Sie hat Schmerzen. Trotzdem geht sie nicht zum Arzt.	Hon har ont. Trots det går hon inte till doktorn.
Sie hat kein Geld. Trotzdem kauft sie ein Auto.	Hon har inga pengar. Trots det köper hon sig en bil.

98 [achtundneunzig]

Doppelte Konjunktionen

98 [nittioåtta]

Dubbel konjunktion

Die Reise war zwar schön, aber zu anstrengend.
Der Zug war zwar pünktlich, aber zu voll.
Das Hotel war zwar gemütlich, aber zu teuer.

Resan var trevlig, men för ansträngande.
Tåget var punktligt, men för fullt.
Hotellet var trevligt, men för dyrt.

Er nimmt entweder den Bus oder den Zug.
Er kommt entweder heute Abend oder morgen früh.
Er wohnt entweder bei uns oder im Hotel.

Han tar endera bussen eller tåget.
Han kommer antingen i kväll eller i morgon bitti.
Han bor antingen hos oss eller på hotell.

Sie spricht sowohl Spanisch als auch Englisch.
Sie hat sowohl in Madrid als auch in London gelebt.
Sie kennt sowohl Spanien als auch England.

Hon talar såväl spanska som engelska.
Hon har bott såväl i Madrid som i London.
Hon känner såväl Spanien som England.

Er ist nicht nur dumm, sondern auch faul.
Sie ist nicht nur hübsch, sondern auch intelligent.
Sie spricht nicht nur Deutsch, sondern auch Französisch.

Han är inte bara dum, utan även lat.
Hon är inte bara vacker, utan även intelligent.
Hon talar inte bara tyska, utan även franska.

Ich kann weder Klavier noch Gitarre spielen.
Ich kann weder Walzer noch Samba tanzen.
Ich mag weder Oper noch Ballett.

Jag kan varken spela piano eller gitarr.
Jag kan varken dansa vals eller samba.
Jag tycker varken om balett eller opera.

Je schneller du arbeitest, desto früher bist du fertig.
Je früher du kommst, desto früher kannst du gehen.
Je älter man wird, desto bequemer wird man.

Ju snabbare du arbetar, desto tidigare blir du färdig.
Ju tidigare du kommer, desto tidigare kan du gå.
Ju äldre man blir, desto bekvämare blir man.

99 [neunundneunzig]

Genitiv

99 [nittionio]

Genitiv

die Katze meiner Freundin
der Hund meines Freundes
die Spielsachen meiner Kinder

Das ist der Mantel meines Kollegen.
Das ist das Auto meiner Kollegin.
Das ist die Arbeit meiner Kollegen.

Der Knopf von dem Hemd ist ab.
Der Schlüssel von der Garage ist weg.
Der Computer vom Chef ist kaputt.

Wer sind die Eltern des Mädchens?
Wie komme ich zum Haus ihrer Eltern?
Das Haus steht am Ende der Straße.

Wie heißt die Hauptstadt von der Schweiz?
Wie heißt der Titel von dem Buch?
Wie heißen die Kinder von den Nachbarn?

Wann sind die Schulferien von den Kindern?
Wann sind die Sprechzeiten von dem Arzt?
Wann sind die Öffnungszeiten von dem Museum?

Min väninnas katt
Min väns hund
Mina barns leksaker

Det är min kollegas kappa.
Det är min kollegas bil.
Det är mina kollegors arbete.

Knappen på skjortan är borta.
Nyckeln till garaget är borta.
Chefens dator är sönder.

Vilka är flickans föräldrar?
Hur kommer jag till hennes föräldrars hus?
Huset ligger vid slutet av gatan.

Vad heter huvudstaden i Schweiz?
Vad är titeln på boken?
Vad heter grannarnas barn?

När börjar barnens skollov?
När är läkarens mottagningstider?
När är museets öppettider?

100 [hundert]

Adverbien

100 [hundra]

Adverb

schon einmal - noch nie
Sind Sie schon einmal in Berlin gewesen?
Nein, noch nie.

någon gång - aldrig
Har ni varit i Berlin någon gång?
Nej, aldrig.

jemand - niemand
Kennen Sie hier jemand(en)?
Nein, ich kenne hier niemand(en).

någon - ingen
Känner ni någon / några här?
Nej, jag känner ingen (a) här.

noch - nicht mehr
Bleiben Sie noch lange hier?
Nein, ich bleibe nicht mehr lange hier.

Ännu längre - inte längre
Stannar ni ännu längre här?
Nej, jag stannar inte längre här.

noch etwas - nichts mehr
Möchten Sie noch etwas trinken?
Nein, ich möchte nichts mehr.

något mer - inget mer
Skulle ni vilja ha något mer att dricka?
Nej, jag skulle inte vilja ha något mer.

schon etwas - noch nichts
Haben Sie schon etwas gegessen?
Nein, ich habe noch nichts gegessen.

redan något - ännu inget
Har ni redan ätit något?
Nej, jag har inte ätit något än.

noch jemand - niemand mehr
Möchte noch jemand einen Kaffee?
Nein, niemand mehr.

någon mer - ingen mer
Skulle någon mer vilja ha kaffe?
Nej, ingen mer.

END